国語の本質

山田孝雄
yamada yoshio

河出書房新社

序

本書は文藝春秋社の請によりて寄稿せし「国語の本質」、朝日新聞社の国語講座に載せたる「国語とは何ぞや」、國学院雑誌所掲の「国語国文の本旨と教育」、文部省教学局の日本諸学の為に起稿したる「国語とその教育」の四篇を合して一書の形としたるものなるが、これは白水社草野貞之氏の要求によるものなり。かくて、草野氏は上の四篇をばそれぞれその当局者に交渉して許諾を得て、これを余に報ぜられたればここに一書の体裁としたるなり。今、その起草の順序によらずして、便宜上の順序によりて排置し、首篇の名をとりて一書の名とせり。各篇それぞれ独立のものにして、説くところ往々重複せるところなきにあらねども、また相連関し、また相補い、相映照するところ無しとせざれば、しいて取捨することなくしてそのままにせり。ここにその顚末を叙して巻頭に弁す。

昭和十八年三月十六日

山田孝雄

国語の本質

◉

目次

装幀——隈阪暢伴

国語の本質

国語の本質

一

近頃やかましいいわゆる国語国字改良論の起りは、慶応二年に、前島密（ひそか）が、国字及び国文を改良したらどうかということを、時の将軍徳川慶喜に申し立てたに始まる。それから明治に入って、やはり前島密が、漢字を廃止する意見なるものを、当時の集議院に提出している。その時分の、いわゆる新知識といわれる人々が似た様な意見を立てている。たとえば柳川春三など、政府の布告の文書にも、仮名文を用いたらよいということを建白している。明治六年頃になって、やはり前島密が、当時の岩倉右大臣に内申しておることがある。

それから、ローマ字で国語を書こうとする考え方は、明治六年に西周（あまね）が、「明六雑誌」にその意見を発表している。それに対して西村茂樹は、同じく「明六雑誌」に、西周の説を批評して、その非なることを論じている。明治七年になると、清水卯三郎が、平仮名で国語を書くがよいという説を主張した。その頃から、いわゆる国語国字の問題が段々やかましくなって来たのである。

ここに一つ注意すべきことがある。それは明治十三年二月に加藤弘之が、日本の国語の改革というか整理というか、それに着手するに先だって、博言学の研究をする為に、秀才をヨーロッパに留学せしめ、その帰朝を待ってそのことに着手せしめようということを、今の学士院の前身である学士会院から、文部卿（すなわち今の文部大臣）に開申するという建議をやっている。この事柄は、じつは明治の国語学の歴史の上に、非常に大きな意味をもつものであって、これが今日までやはり影響している。世間の人はこの事と今の国語問題と何の関係も無いように見たり、或いはまたこれを非常に軽く見ておるのであるが、ここに大きな問題があるのである。

その後、漢字を廃して、仮名だけ使って、国語を書こうという意見、それからローマ字を用いて国語を書き記そうという意見、この二つが並んで出て来た。明治十六年になると、仮名の友ならびに仮名の会なるものが起った。それがずっと後まで、いろいろ形をかえてもっぱら仮名を用いて国語を書こうという、一つの大きな流れをなして来るわけである。

それらの議論は、明治十六年、十七年、十八年、十九年、二十年、二十一年、二十二年と、数年に亘って、多くの意見が、あちらからも、こちらからも出て参ったのである。

それが明治二十三年となり四年となると、多少その熱が冷めてゆく形であったが、また明治二十七、八年頃から、国語に関係する議論が再び盛んになり、三十三年八月、文部省が小学校令を発布して、いわゆる字音の仮名遣いに、俗にいう棒引きを用い、まったく今までになかった大きな打撃を、日本の国語の上に与えた。しかしそれに対しては、世間に非常に強い反対が、あちらからも、こちらからも起り、文部省も遂にこのいわゆる棒引きの、字音仮名遣いを撤回せざるを得なくなったのである。

その後の国語に関するいろいろの運動は、これまた甲論乙駁、一々これを挙げることは出来ないが、ここに国語調査委員会なるものが起るという、一つの新しい事実が生じて来た。

国語調査委員会の出来たのは、明治三十五年であるが、その前明治三十三年、文部省は前島密男爵を委員長とし、上田万年(かずとし)氏以下六名の人に、国語調査委員なるものを嘱託している。これが明治三十五年の二月まで続いた。そして三月には新たに国語調査委員会というものの官制が出来、四月には加藤弘之男爵が委員長になり、上田万年博士がその委員会の主事になり、その他十人の人が国語調査委員になった。この国語調査委員会は、大正三年に廃せられて、その後しばらく国語調査委員会というものは存在しなかった。そうして中橋徳五郎氏が文部大臣になった時に、臨時国語調査会が設けられ、松田源治氏が文部大臣の時、国語審議会が設けられて、今日に至っておる次第である。

それが大体の事実の経過であるが、現在の国語問題というものの中心になっているのは、いつでも、この国語審議会の人々のように思う。この国語審議会なるものがどういう仕事をしているか、それは私は直接関係していないので知らないが、そのやっていることを見、言うところを聞いてみると、今の国語審議会のやることは、ずっと初め、明治三十五年に出来た国語調査会で既に決まっていることである、こう言っておるように思う。それが果して決まっていることであるか、いないことであるかを論争する必要はないが、要するにそういうことを言っている。

その明治三十五年にできた国語調査委員会が、どういう性質をもっておったか。これは私もその会に補助委員を任命せられておったから知っているが、その委員長には加藤弘之氏がなっており、主事には上田万年氏がなっておられるということには、歴史的の意味がある。

それは、前にも述べたように、明治十三年に、国語の改良というか、改正というか、それをやるに先だって、博言学の研究のために、秀才をヨーロッパに留学せしめて、その帰朝を待って着手せられたいということを、加藤弘之氏が主張して、それを学士会院から文部卿に開申するということがあった。この加藤弘之氏が後に、大学の総理すなわち今日の総長となったのであるが、その頃に、いわゆる博言学を研究するために、外国へ留学せしめられたその人こそ、上田万年氏である。上田万年氏が洋行して、帰朝せられたのは慥(たし)か明治二十七年の末或いは明治二十八年のはじめであったと思う。この上田万年氏が留学して、いわゆる博言学を研究せられた。この博言学は、上田氏が帰られてからは、言語学という名前に変った。上田氏はこの言語学の講座、後には国語学を担任せられ、この上田万年氏が、新たな日本の国語学の元祖となっている。而(しか)して新たな学問を我が国に起したその源は、加藤弘之氏の意見である。したがって、上田万年氏が主張して起した国語調査委員会に於て、上田氏が主事になり、加藤氏がその会長になるということは、歴史的に観てこれがはっきりその意味がわかるのである。その前の官制のない時分の国語調査委員なるものに於ては、前島密氏が委員長であった。これは冒頭にも述べたように、慶応二年に、国字国文の改良を主張した人である。そういう人が委員長になって、要するに国語国字の改良論を具体化しようとして、官制を布いたりなんかしている。それが国語調査委員会になったり、今の国語審議会になったりしているわけである。このことは、はっきり考えられる。

明治三十五年に官制を布かれて生じた国語調査委員会は大正三年まで満十二年以上続いたのであるが、その間何をしたかといえば、自分もその責を免れない訳だが、調査の方針というものを数ヶ条議決したが、ほとんど何等の実績を挙げ得なかったのである。まことに申し訳の無い事であったが、山本〔権兵衛〕内閣がこれを理由として廃止したものであったろう。

大正十年に設置した臨時国語調査会は時の文部大臣中橋〔徳五郎〕氏と次官南〔弘〕氏と保科孝一氏との合作であろう。その委員には異論を唱えそうな人は加えない。それは議論の時代では無い、実行の時代であるということにあったことは、その時委員長になった森鷗外氏が憤慨してしばしば語られたことを私は今に覚えている。さてその臨時国語調査会が昭和九年に廃止せられて国語審議会を設けられて、南氏が会長になり、保科氏が幹事長になったのである。これはその考えを実行しようという機関であることは著しく考えらるるところである。

それだから今の国語審議会というものは、国語を慎重に審査するということよりも、初めの加藤弘之氏が、博言学の研究を興しそれに基づいて国語の修正とか改正とかをやらなければならぬという意見の、具体的延長に止まるものと思うのである。この事実をまず考えて置く必要がある。

二

こういう問題の起る根本は、要するに、日本が漢字を用いているということ、そうして、そういうものは西洋にない。そういうところに根拠があるのであって、西洋はローマ字二十六字で、なんでも自由自在に書ける。然るに日本では、非常に多数の漢字を使い、しかもその上に仮名を使っている。こういうことでは、いわゆる欧米と力を争って行くのに、無駄骨が折れる、こういう考えから起って、それにいろいろの理論を後から後からと付け足して来ているように私には思われる。そうして、若い人々にはこれは既に方針はきまっているのだと云ってきかせる。今日の人々の間にはそれらの歴史は恐らくは知らないでそういう事にきまっているかと思うものもあるであろう。

そういう事情であるから今日そういう国語なり国字なりを改め変えようという人々は自己の意見に酔ってしまって、それが抽象的に固定した目的になってしまっている。そうして、その固定した精神に基づいて、自己の運動の理由の根拠を示そうというつもりで、国語がむつかしいとか、漢字がどうとかいうことを言っているのだろうと思う。

今かようなことを主張することの大体の思想的傾向を考えてみると、幕末の頃から明治の初めにかけて起った欧米の文明に同化しようというところにある。御存じの通り、明治維新の頃から欧米のいわゆる文明開化を早く日本へ採り入れて、日本が彼らに負けないようにする、その必要があるというので、いわゆる西洋文明を日本へ採り入れようという多くの運動が起ったわけである。

それらの運動の趣旨は必ずしも悪かったとは言えないであろう。しかし、それらの人々は、実際、日本のあらゆる事物について、根本的にその本質そのものを熟慮してみた上での意見であったかと考えてみるに、恐らくはそれほど深く研究したものではなかったと思われる。

国語の上での著しい例を挙げるならば、明治五年に森有礼(ありのり)が、日本語を廃して、英語を以て日本の国語としようという意見を主張している。それは当然、言うべくして行われることのない間違った意見である。のみならず、それがもし行われたならば、恐らく我が国が滅びてしまって英米の領地になってしまっていたであろう。或いはまた、日本の人種改良論なるものが、やはり明治十七、八年頃に起っている。そして、日本人の髪の色、目玉の色が西洋人と非常に違う。だから早く雑婚して、目色、毛色を変えなければいかぬという非常に不都合な議論もあったのである。しかも、それが大真面目に正々堂々と論ぜられたのであった。しかし、それも非常に間違った議論であるということで、その影を潜めてしまった。今日の時勢では、ローマ字論もやはり影を潜めた形であるが、しかしこれとても、いつ何時再び頭を擡げるかも知れぬ。このローマ字を主張する論も、日本の仮名遣いがむつかしいとか、漢字がむつかしいとかいう論も、表面上、皆別々の意見で各々違うようではあるが、その思想的根底を探ってゆけば、結局おなじ思想に基づいていると思う。この思想には、われわれから見ると、非常に恐るべき思想が、御本人には気付かずとも、その根底に流れていると思う。いわゆる鹿鳴館時代の欧米崇拝思想の非常に間違ったものであることは、その後段々反省を加えられて来ている。例えば今日に於ては、鹿鳴館時代か……と言うようになって、一種の嘲り（あざけ）みたいな態度で取扱われている。然るに、その鹿鳴館時代の思想によって起った、この国字国語を簡単にしてしまえとか、或いは、ただ便利にさえなればよいというような思想が、今以て清算せられないで残っていることは、非常に不思議な現象である。少しばかり国家の現状を考え、または過去からの歴史を熟慮して、慎重に国家の前途を思い、永遠の国家の生命ということを考えてみた時に、そういう軽佻浮薄な意見が、この国家重大時に於て述べられ、またそれが、或いは道（どう）聴途説（ちょうとせつ）かも知れぬが、政府によって実行せられようとしていることは、非常に悲しむべき、また非常に憤らなければならぬ事柄であると思う。

八月の二日に出た「週刊朝日」を読んでみると、東京市の或る国民学校の訓導が、国語の仮名遣いを、複雑怪奇だというようなことを言って罵（ののし）っている。一体、かような者が日本国民の一人であるということは、われわれ同胞として、じつに恥じざるを得ない。そういうものがまた、「皇国頌詞」という言葉を以て、われわれが苦しいながら、御国の為に多少なりとお役にも立つであろうかと思って書いておるその雑誌に同居しているなどということは、私個人としても堪えがたい恥辱である。しかし、そういう感情的のことは、今ここで多く言うを憚(はばか)らねばならぬ。問題をここに、実際の国語そのものについて考えるという方に移してみたい。

三

第一には、漢字を制限しろとか、仮名遣いを改めようとか言う人々は、国語がむつかしい、日本語がむつかしい、こういうような意見を述べている。しかしながら、国語がむつかしいとか、仮名遣いがむつかしいとか言う人が、果して本当にむつかしいと感じたか、本当に苦しいと感じたかといえば、そういうことを言っている人は、恐らくは、国語に対して本当に心を労したことは一回もないのではないかと思う。自分のことを申しては甚だ申し訳ないが、私共が連歌の一句をつくる際にも、僅か十四字乃至十七字で一つの詩をつくるわけであるが、これが為には、殆ど骨を刻み、血を流すほど苦しんで、そうしてこれだけの自分の感じをどう現せばよいかということに苦心するのである。場合によると、一つの句を直すのに、一時間も二時間も、ああでもない、こうでもないと苦心惨憺してやっと一つの、十七字乃至十四字の句を、その結果として得るのである。こういう場合に於て、われわれは、日本語がむつかしいとか、むつかしくないとかいう問題よりも、如何にしてこの日本語によって、われわれはわれわれの本当の感じを現し得るかを目的としている。それは、むつかしいとかむつかしくないとか、そんなことを言っているような、なま易しい話ではないのである。日本語をむつかしいとか、簡単にしようとか言う人の心が私にはわからない。本当に自分がむつかしいと感じたかどうか、そういうことを言う人に限って、むつかしいと感じたことは一回もないであろうと想像ができるのである。

日本語がむつかしくないものであるという実例は、既に私が何回も処々で言っている。近頃満洲にできた建国大学に於て、ロシア人を入学せしめた。建国大学の前期生つまり日本の大学予科に当るものに入学せしめた。そこで、それを日本語によって教育を受けさせねばならぬので、僅かの間に、日本語を日本人の学生と同じように出来るまで教育しなければならぬ。その際にそのロシア人は、四月に入学して、十二月に試験を受けた。四月に入学した時には、平仮名と片仮名だけしか知らなかった。それが十二月に試験を受けた時には、日本の中学校卒業生よりも、むしろ正しい位の文章を書いておる。それは漢字も正しいし、仮名遣いも正しい。これは建国大学から報告書が印刷せられている。すなわち、僅か半年の間で以て、平仮名、片仮名しか知らなかった者が、日本の中学校卒業程度の国語の力を得ておるという実例がある。半年でこれ位のことが出来ることを考えてみれば、どこに日本語のむつかしさがあるか。日本人として、自分の国の言葉をむつかしいなどと言うことは、一つの叛逆であると私は断言するに憚(はばか)らない。のみならず、その建国大学のロシア人の学生に対して、面目もない話であると考えなければならぬ。

然らば、僅か半年ほどの間に、それだけの国語の力をロシア人が我が物としたということは、どこから来るかと考えてみるに、それは彼らの死活問題がその奥にあったからである。何故なら、それは白系ロシア人である。到底ソビエット聯邦へ帰られない人間である。彼らの宇宙に於ける安住の地は、満洲国以外には何処にもない。若(も)しこの満州国に於て、その白系ロシア人が地歩を占めることが出来なければ、結局、死んでしまうより仕方がない。すなわち、彼らは、自己の安住の地をば、満洲帝国に求める。そうして、自分が本当に伸びてゆこうとするのには、建国大学の教育を受けるほか方途がない。建国大学の教育を受けるのには、日本語を知らなければならぬ。ここに彼らは、死物狂いで以て日本語を研究した。それならばこそ、僅か六ヶ月で以て、日本の学校でいえば、国民学校から中学校を卒業するまでの間の国語の力を得たのである。これだけの熱心と、これだけの死物狂いの努力をやれば、なんでもない話である。

私は、国語のむつかしいなどと言う人は贅沢だ、あれも厭だ、これも厭だと言う連中だと思う。そういうことを言う人間に、愛国心があるかないか訊いてみたい。国語の仮名遣いなどについて申すならば、私は一週間で教えている。一週間で教えて結果を得たという実例は、いま盛岡の或る会社の社長をしておる中岡孫一郎という人が、朝日新聞社から出している「国語文化講座」に付いている薄い出版物に書いたので、みな様御存じだと思う。数年前、私が一週間で仮名遣いを教えたということを言ったとき、広島高等師範の或る教諭が、これを冷笑した。しかしこれは、その人自身が試みた事がないから、そういうことを言ったのであろう。事実できるのである。私は中学校の教師を満十年やった。その間いつでも一週間で仮名遣いを一年生に教えたものだ。どこにむつかしいところがあろうか。国語の仮名遣いが若しむつかしくて、複雑怪奇であるならば、それ以上の複雑怪奇なるものが、地球上に充ち満ちているではないか。字音の仮名遣いも、今むつかしいとかなんとか言っておるが、これは国語の仮名遣いほどた易くないことは事実である。しかしこれとても、筋道たててゆけば、左様にむつかしいものではないのである。

漢字もむつかしいということをよく言うのであるが、しかし、これは漢字とローマ字とを比べて、そして漢字がむつかしいと言うのが普通である。ローマ字は二十六字しかない。漢字は康煕字典によれば、四万何千とある、非常にむつかしい、こう言うのであるが、かようなことをいう人は一体漢字ということがわかっているのかどうか、文字の学問をした人であるかどうかを疑わざるを得ない。漢字なるものは、同時に漢語であって、言葉そのものを文字にしたものである。ローマ字は音を分解して、音の要素になるものを字にしたものであって、まるで性質が違う。漢字一字に該当するものは、英語にしろ、ドイツ語、フランス語にしろ、みな一つの綴り、一つの言葉の綴り全体である。漢字が四万何千あるというのは、辞書にある言葉が四万何千ということに同じいのである。それゆえに、漢字よりも、英語やドイツ語のほうが多いと言い得る。漢字がむつかしいということは、要するに漢字の本質を知らない人が、表面だけを見て言うことである。

漢字がむつかしいということを言い出したのは西洋人に違いない。西洋人のローマ字だけ見て来た眼には、漢字はむつかしいに決まっている。何事も欧米人の言うことを金科玉条にしておる人間は、西洋人がむつかしいと言えば、成程むつかしいと思う。そういうような考えは、今日米英を敵にして、これを絶対的に打破してしまおうと考えているわれわれ日本人が、はずかしくて言えない話だろうと思う。

それよりも、漢字をむつかしいとか、むつかしくないとか言うよりも、漢語を濫り(みだり)に拵え(こしらえ)ないようにしたほうがいいだろうと思う。私は昨年の正月、中央政府の或る官庁に出て、はっきり言って来た。例えばグンキという言葉がある。それは、軍隊の機密の意味の「軍機」もあり、軍隊の規律の意味の「軍規」もあり、軍隊の風紀の意味の「軍紀」もあり、軍隊の旗の意味の「軍旗」もあり、若しすこし屁理窟をいえば、軍隊の気魄の意味の「軍気」というものもあるかも知れない。そんな紛わしい言葉をもし使っておるなら、それは漢字を使わなければ書き分けるわけにはゆかない。そうしてみれば、漢字がむつかしいとかなんとか言うのであるが、それはそんな言葉を使うからであって、初めからそんな言葉を使わなければ、そういう問題は起らない。だから、結局は漢字問題というよりは漢語問題であると言えると思う。一体漢字や仮名遣いが本当にむつかしいかどうか、十分に考えてから言うべきであろうと思う。

四

仮にまた、日本語がむつかしいとしても、むつかしいから簡単にしてしまえというのは、便利主義、或いは功利主義がその根底を成すものであるが、国語というものがそういう便利主義で勝手次第にかえて行って宜しいものかどうか。このことを考えてみる必要がある。

国語というものが、そこらへんにある、われわれが大根を切ったり、菜っ葉を切ったりする庖丁であるとか、またいろいろな物を包む風呂敷のようなものだとか、そんな唯の道具に止まるものならば、それはなるほど便利にしてしまったほうがいいかも知れない。しかし、言葉というものの本質を考えてみたとき、いわゆる便利とかいうことで、その言葉を取換える、もしくは直すというようなことは出来ないものだということがわかる。

　言葉の本質というものはどういうところにあるか。これはその言葉を使っている本人だけについて考えれば、それはその人個人の使っている言葉に相違ない。しかしながら、その言葉が言葉として通用するのは、自分一人で通用しているのではないのであって、私なら、私が庭の木を見て、それを松だと言う場合、それを聞く者がやはりその木を松だと考え得る。すなわち、その言葉と、その言葉で示しているところの実質とが、すべての人に共通して受け容れられる。そこに言葉の価値があるのであって、個人だけの問題ではない。これを私は、言葉の社会性と言う。言葉が言葉として通用するのは、その社会性によるのであって、自分が勝手に、松の木を梅だと言うわけにもゆかないし、猿を雉と言うわけにもゆかない。われわれが猿と言えば、すぐに、それを聞いた人も、われわれが考えておると同じような猿を、その猿という言葉で思い出す。それだから、言葉が通用する。私がサルと言うよりもサと言ったほうが便利だからと、ルの字を勝手に省くわけにはゆかない。だから、社会に言葉が通用しておる以上、自己の勝手に任せて、これを削ったり延したり、変えたりすることは出来ない。即ち、言葉は自己の主観で以て左右することは出来ない。言葉には客観性がある。その客観性は一般社会に通用する。一般社会にそれを使った人と同じ意味で通用する。だからこれは、個人の使っておる風呂敷や庖丁や小刀と同じ性質のものではない。社会が使っておる道具だと言えば道具であるが、個人が使っておるわけではない。したがって、或る一人や二人の人が言葉を直そうとしたとて容易に直るものではない。変えようとしたとて容易に変えられるものではないのである。その変えられないのは、社会性すなわち客観性があるからであり、その客観性は主観で左右することの出来るものではない。

ところが、その言葉の社会性もしくは客観性というのは、現代の社会だけに使われておるというものでなく、それはみな歴史の結果そうなって来ておるのである。歴史の結果そうなって来ておるということは、一面から言えば、言葉というものは必ずしも合理的ではないということを示すのである。言葉を合理的にしようという考え方は、よほど考えなければならぬのである。言葉は歴史的のもので歴史上の結果、そういう言葉が生じて来ておるのである。例えば、これは私ども始終言うことであるが、字を書く時の墨、黒の下に土と書いてある。日本語に於てスミというのは、火鉢に使う炭も黒い、硯に使う墨も黒い。黒いものだということは普通に考えられる。然るにここに朱墨というのがある。朱墨というのは朱で拵えた墨である。これは朱いのである。道理からいえば訳がわからぬ。しかしながら、われわれにはわかる。そういう不合理のようなものでも、ちゃんと社会性をもち、客観性をもって通用してゆく。これは歴史の結果である。即ち言葉に歴史性があるからである。つまり、言葉そのものが一つの歴史をもっている。その歴史の結果、そういう意味をわれわれに与えて来る。謂わば、朱墨の墨というのは、初めは黒いものであったのであるが段々に変化して、とにかく硯で磨って字を書く液体をなす原料だ、こんなふうにだいぶ抽象せられて来ると、そこに朱の墨もでき、白い墨もでき、場合によれば藍の棒を画家が使うが、これなども藍墨と言うことが出来るわけである。こういうことは、論理学からいえば極めて不合理な話である。しかし、それで結構わかるのである。やはり社会性も生じており、客観性も生じておる。こういうのが言葉の歴史性というものである。今、言葉を簡単にしてしまえとかいうようなことを言う人々は、或る意味からいえば、合理主義に言葉をしてしまおうという考え方であるが、実はそれは不可能である。一つ二つはやれるであろうが、不可能である。現実に、朱墨という言葉を合理的にするにはどうするか、どうにも仕様がない。かように、言葉は歴史性をもち、社会性をもつ。そしてこの二つが言葉の客観性の土台を成しているものである。これは主観で左右することができない。ここに、言葉そのものの本義が宿るのである。

われわれはよく言葉を、正しいとか正しくないとか言う。その正しいということを、論理的の合理性に基づいてもし言うならば、朱墨とか、或いは飯茶碗――飯を食う茶碗というようなことは不合理である。しかしながら、不合理であっても、われわれはやはりそれを正しい言葉だと考える。言葉が正しいとか正しくないとかいうことの根拠は、哲学の真理に合うとか、或いは論理学上の矛盾が認められないとか、そういうような意味ではない。言葉の正しいというのは、伝統の通りに用いられているかいないかに在る。

これも私が始終言う例であるが、物の数の一つというのを文字で現す場合に於ては、棒を一本引く。これはそれよりほかに方法がない。どんな野蛮人でも、どんな賢明な聖人君子でも、棒一本引いて、物を一つ現すよりほかに方法を知らない。これは絶対的の真理である。然るに、その棒一本の引き方が、漢字では横に平らに引く。これが漢字の一の字である。ローマ数字では、これを縦に引く。アラビア数字では斜めに引く。棒一本引いて一つの数を現すということは共通であるが、引き方がこのように違っておる。この場合、この三つの一の字の正しい正しくないをどういう理論によって判定するか、こういえば、それは理論などは一つもないのである。唯それは、漢字に於てはこういう習慣である。ローマ数字などは一つもないのである。唯それは、漢字に於てはこういう習慣である。ローマ数字に於ては、こういう習慣である。アラビア数字に於てはこういう習慣であるというに止まるのである。そうしてその習慣に随うのが正しい字であり、その習慣を無視するのが正しく無いのである。つまり伝統によるよりほかに、文字の正しいか正しくないかを判定する標準はない。言葉に於ても同じことである。親とか子という言葉にしても、なぜ親に対して子と言うか、なぜ子供に対して親と言うかと言って見たところで、それには理論はない。ただ日本語では昔からそう言う。日本語の伝統がそうだ、と言うより仕方がない。樹木にしてもなぜこれを松の木と言うか、なぜこれを杉の木と言うのかといって、杉という語と松という語とを理論的に証明しようとしても出来ない。唯、こういう木を昔から杉という、こういう木を昔から松という。そこに日本語そのものの正しさが宿る。国語の正しさは伝統以外に何ものもない。これは世界共通の道理である。

したがって、この国語の伝統を無視して、ただ便利にしようとかいうような考え方は、非常に恐るべき思想を根底にもっている。御本人はそういうことは意識しておらぬかも知れない。けれども、その、伝統などはどうでもよいという考え方は、我が大日本皇国の忠誠なる国民として、夢にも考えてはならない思想ではないだろうか。また、文字は借物だと言う者があるが、現在の日本に於ては左様なわけには参らない。

誠に畏れ多い話であるが、勅語の一語一字でも、われわれは、同じくそう読めるからといって外の字で書き改めるわけにはゆかない。そのほうが簡単だといって、書き改めるわけにはゆかない。しかし、勅語のことを申上げるのは畏れ多いことであるから委しくは申さぬ。われわれ日本人の苗字などのことを考えてみても、そのことはよくわかる筈である。例えばイトウという人は幾人もわれわれの周囲にいる。或る人は伊藤であり、或る人は伊東である。どっちも仮名遣いを正しくしてみても同じである。そこで、これは便利でないとか、二通りに書き分けるのは煩さいからといって、一緒にして一つにしてしまうことが出来るかといえば、それは事実不可能である。

五

そういう、あらゆる場合に於て不可能なることを、今日の如き国家が総力を挙げて、打って一丸となって行かなければならぬ、この時代に持ち出して、内輪に争いを生ずるようなことをわれわれはしたくない。若し今人々が考えているように、今までの国語の伝統を無視してしまって、ただ便利だとか、簡単にしようとかいうことを実行したとき、その結果はどういうことになるか。考えてみても、じつに恐るべきことであろうと思う。

前に、言葉の客観性、社会性ということを述べたが、これだけではまだまだ話は抽象的である。そこでもう一歩進んで、言葉の実質の方面に入って考えてみると、これも私今日まで口を酸くして言い来ったことである。国民精神と国語とは離れることのできない関係を有するものである。つまり、それは一つの物の、形と実質の関係であると思う。形と実質とは、われわれは思想的には抽象することが出来る。しかしながら、実際にはこれを分けることはできない。卑近な一例で言うならば、神様にお供えする御鏡餅、あの形と実質をわれわれは別に考えることは出来る。しかしながら、形のない御鏡餅というものはあり得ない。同時に、あの形だけあって、実質のない御鏡餅というものもあり得ない。苟も餅である以上、何らかの形をもっている。即ち実質と形とは一緒である。そこで、国語そのものは、国語という形だけではないのであって、同時に日本人の精神の外形である。

これもよく言うのであるが、われわれの使っている言葉の法則、通俗的にいえば文法であるが、これを普通の人々は、言葉の法則だと言う。もとより言葉の法則には相違ない。言葉の法則以外に文法はないのであるが、しかしながら、この日本の文法なるものは、結局日本人の思想の運用法の外形にあらわれたものである。日本人が物を考える方式は、この文法以外にはない。だからこれは要するに或る方面からいえば日本人の論理であると言ってもよい。若し学問ならば、日本人の論理学である。また一方から言って、美しい言葉を使う場合のことを考えれば、日本人の美学であると言ってもよい。そこらを考えてみると、日本の言葉というものは結局日本思想である。日本思想以外に日本の言葉はない。言葉と内容をぴったり一つのものと考えて来なければ、言葉を知っているとは言えない。よく世間で、言葉は知っているが内容は分らぬなどと言うが、それは本当は言葉を知らないのである。

例えば、「申し訳ないから腹を切る」というような言葉がある。なんでもないように今言っているのであるが、これは非常に深い意味がある。昔上杉謙信が、自分の家来の中に無作法なことをした者があり、それを謙信が見て、これに罰を与えて、士の籍を削るという命令を下した。するとその侍は、どういう理由でそういう御処刑を受けるのであるかと理由を尋ねたとき、謙信は、その方は士にあるまじき無作法な奴だ、何月何日何処何処に於てかような振舞いをしたであろう、こう言った。本人はそれに恐れ入って、如何にも、一言の申し開きもできません。しかしながら、士の籍をお削りになるということは洵に心外であるから、どうか切腹を仰せつけられたいと申した。すると謙信は、その方のような無作法な者は切腹させる値打ちがない、と言って許さなかった。本人はどうかして切腹を仰せつけられたいと言ったが、遂に許さず、士の籍を削ってしまったというのである。腹を切るということは、ただ死ぬという意味ではない。武士たる者が、自己の責任を明らかにする為に行う作法である、腹を切るということは、日本の「腹」という言葉を考えて来なければわからない。日本人の腹というのは、ただ肉体の腹というような単純な意味ではない。われわれが「腹が立つ」と言う時の腹も、なにも肉体の腹だけをさしているわけではない。腹を切るとは自分の腹の中を見て下さい、自分の腹の中は汚いものではない、間違ったことはしたけれども、しかし本心はかくの如く明らかなものだ、どうかそれを見て下さい、というのが、腹を切るという考え方である。つまり、腹を切るという言葉には、それ相応の非常に深い内容がある。およそ言葉そのものは、みなそのように内容をもっている。また、前に触れた連歌などでは、「言葉の本意」ということを言う。その言葉の本意というのは、例えていえば、連歌で、春雨が降らないというようなことをいった場合、その場合「春雨」といえば、「降る」という考え方がある。降らなければ雨という言葉はないわけである。春雨が降らない、という場合には、春雨が降る、或いはまた降ってくれと思うのに降らない、というような心持ちが出てくる。言葉にはそういう非常に深い、国民的の思想感情というものが含まれているのである。だから、この言葉を改めれば、思想、感情も同時に改まってしまう。

そう考えて来れば、言葉を濫(みだ)りに、こうやるほうが便利だとかいって、軽卒に変えたりすることは、日本の伝統的の国民精神そのものを害(そこな)うことになるのである。

こう考えて来ると、私共は一つの文字を書く場合でも、一つの言葉を口で言う場合でも、深く注意し、間違わないようにして続けて行かなければならぬのであるが、今日まだまだそうは参っておらない。そうして少しく学問をすると、すぐに、日本語はむつかしいのだとか、こんな言葉はわからぬから直そうとか、こうしたらいいとか申すのであるが、これは要するに、明治の初め頃に起った思想そのものの名残りである。大体、明治二十年頃から新たに起った国語の学問というものは、日本語をばよくしようという意味ではあろうが、とにかく日本語をば改める、このままではいけないということを目標として、そうして西洋から輸入して来た、古い言葉でいえば博言学、後の言語学そのものに土台を置いておる学問なのである。だから、唯それだけをやった人々は、国語の学問というものは、とにかく今の国語を変えてゆく為の、よく言えば、直してゆく為の理論を求める学問だ、こう考えて来ておる。そういう考えを今も持ち伝えている学者は、極めて少いのではあるが、まだおるのである。

　しかしながら、そういうふうにして起った国語の学問でも、やはりそれらを学ぶ学者は、自ら学問の本質というものを弁(わきま)えて、国語の本義本質というものをさとり、国語というものは濫(みだ)りに改めるべきものでない、国語の正しさというものは伝統を重んずるということによるのであるということに反省しつつ進んで来た学者が、現在大多数である。

　かようにして、国語の学問が正しい道に戻った結果は、只今濫りにこの言葉がむつかしいとか、直せとか言っておるような人々の態度の間違ったものであることが、後には一般人の常識として考えられることになるであろう。私はそういう時代の一日も速かに来ることを期待して、已まない次第である。

六

今日、一般の思想界は、もはやその域にまで到達してしまっておる。悲しい哉、国語の学問のみ、そこまでまだ参っておらないのである。私は「国語学史」を書いたが、それは明治二十年頃を以て終っておる。なぜ二十年頃を以て了えたかといえば、それから後の国語学は、その出発点が間違っている。これが反省してしまうまでは歴史は書けない。それで書かないのである。意味なしにそこで筆を擱いたのではない。

一々の仮名遣いの問題やなにかの細かい点は、私が今までに出した「国語政策の根本問題」とか「国語尊重の根本義」等を御覧ねがえばわかると思う。また最近の意見は、朝日新聞の「国語文化講座」の中に「国語とは何ぞや」〔本書収録〕というので書いているし、「日本諸学」創刊号に「国語とその教育」〔同〕ということを書いているから、それでほぼおわかりになって戴けると思う。

も一つ、ここで言い足らないと思うことがある。それは、外国人に日本語を教える為に、言葉をなるべくわかりいいようにしてやる、そういう思想が相当今拡がっているように思う。これは非常に大きな考え違いである。これは自ら国語を破壊するものであると同時に、対外的にも国威を失墜せしめる基をつくるものである。

例を英語にとって考えて御覧になれば、そのことはすぐわかる筈である。英語は日本語などよりは遥かに発音もむつかしいし、いわゆる文法もむつかしいし、綴り方もむつかしい。しかしながら、英国人があれだけ世界を風靡した時代に於て、自分の国の言葉がむつかしいからといって、綴り一字変えたことがあったか。英語の盛(さか)んに行われたのは、英国の国力そのものの反映にすぎない。

日本語が大東亜の共栄圏に滔々として拡がってゆくことは、われわれ望ましいことだと思う。日本語がヒリッピンとかジャワ、ニューギニア等々に行って、小さく縮こまって、そして彼らの鼻息を窺って、これでもおわかりになりましょうかというような態度で行くということでは、天皇(すめらみこと)の大御稜威(みいつ)をばどうする積りであるか。軍人が僅か十日か一ヶ月の間に、世界を震撼せしめる程の威力を発揮しておるに拘らず、文字に携っておる人間が、卑屈きわまる態度を執(と)って、日本語をして、彼ら新しく付いた人民の鼻息を窺う道具にしようなどということは、実に怪しからぬ考え方である。もしそういうように、彼らの鼻息を窺って、そうしてこれが日本語であるというようなことをして教えて置いたなら、彼らがわが内地へ来た時に、そんな変な使い方は本国ではしておらないということを彼らが見たならば、必ずそこに二つの大きな問題が生ずるであろう。

一つは、自分らが瞞(だま)されたという考えである。これが本当の日本語だと云って教えて貰ったのに、実はそうでなかったというわけで瞞されたという感じをもつ。も一つは、日本人はわれわれわれわれの機嫌をとり、われわれにおべっかを使っているのだと彼らが考えるであろうことである。この二つとも、わが天皇の大御稜威(みいつ)を害(そこな)い奉ること夥(おびただ)しいものである。

若(も)しこういうことが、どこまでも徹底して行われるならば、われわれの崇敬して措かざる軍人諸君の、命を的にして挙げられた戦果が戦争の済んだ後、滅茶々々になってしまうであろうことを惧(おそ)れるのである。

——『文藝春秋』第二十巻第九号（昭和十七年九月一日発行）

国語とは何ぞや

国語とは何ぞや、この問題に答えることはた易い様だが、よく考えるとなかなた易く答え得るものでは無い。

国語と我々の称えているものは即ち日本語のことであるといい得る。而して、日本語とは何ぞやといえば日本人の用いる語だということは分り切った話である。その日本人とは何ぞやといえば、国法上からいうと日本臣民としての国籍を有する人がすべて日本人だということも分り切った話である。然らば、その日本国籍を有する人々の用いる語がとりもなおさず国語であるかというに、それはそうだといわねばならぬが、実際を顧みると、そう云い切ってしまうことの出来ない事実がある。それは日本国民として国籍を有する人間の用いている言語はさまざまであるからである。北にはアイヌ語、オロッコ語等を用いている人が在り、南には志那語系統の語を用いている人が在り、また朝鮮語は頗る多くの人に用いられて在る。これらの語を用いるものも歴とした日本臣民である。それ故に日本国民の用いている語がすべて国語であると簡単にいうことは出来ない。そこで我々のいうところの国語とは何ぞやということが先ず問題になるのである。今、我々が国語と認めるものは日本帝国の中堅たる大和民族が思想の発表及び理解の要具として古来使用し来り、また現に使用しつつあり、将来もこれによって進むべき言語をいうのである。この国語は大和民族の間に発達して大日本帝国の国民の通用語となっているものであって、これを簡単にいえば、大日本帝国の標準語である。ここに標準語というのは国家の統治上公式の語とし教育上の標準と立て用いられてある語の意である。

国語というには厳粛な意味のあることは上にいうところで明らかである。国語はただ国語という一般通有性だけでは無く、国家及び国民という限定性があるのである。この限定性があってはじめて国語という具体的のものが考えられるわけである。

かようなわけであるから、国語には一般の言語としての通有性と国語としての限定性とが具備せられてあるものだということを忘れてはならぬ。明治の中頃から起った新たな国語学というものは、言語の一般の通有性を研究する言語学のただの応用に止まった観が有った。この新式の国語学即ち一般言語学の応用によって従来の国語学に見られなかった理法や事実に注意を新たに向けたりなどして、それぞれの益を受けて、国語の学問の進歩したことは否定するわけには行かぬ。しかしながら、その一般の通有性を論ずることだけが国語学そのものだというような誤った考えを生ぜしめた弊害もまたこれに伴って起ったことも否認するわけには行かぬ。これはその新たな国語学の興起を導いた先覚者の誤った見解に導かれたものであるが、その誤った見解は今日に至っては殆どすべての国語学者がいずれも反省してその弊から脱却しようとしている。然るに、その時代の遺物たる思想に囚われて今なおそれが誤りであったことを知らぬ人が、国語学者の中にも外にも少からず残っている。これらは今の新たな時代から見れば、旧式の思想に囚われて、移る事能（あた）わざるものといわねばならぬ。ここに国語とは何ぞやということを特に論ずる所以（ゆえん）である。

　国語というものは言語である以上、言語一般の通有性をもっているのは当然であるが、それと共に国家の標準語であるという厳粛な限定性、国民の古今にわたる通用語であるという歴史的社会的の限定性がある。およそ、あらゆる事物にはその同類のもの一般に共通する通有性とその事物自体に固有する限定性とが、同時に具有せられることはいうまでも無いので、通有性と限定性とを同時に具え有することがあらゆる実在の姿なのである。それ故に一の事物を考えるのにその通有性のみを以て考え、若（も）しくは限定性のみを以て考えるだけでは決して真相を知り得ないのみならず、これに処する方法も正しくは有り得ないであろう。ここに国語についてもこの二面の観察が当然存せねばならぬ。

言語そのものの通有性は今一々説く遑(いとま)を持たぬが、その要(かなめ)を摘(つま)んでいえば、先ず言語というものは人間に特有なものだということ、次に言語の内面には人間の思想が充たされているものだということを考うべきである。さて、その人間の思想というものは千状万態極りないものであるが、それらの状態がすべて一々、別々な言語として表現せられるものであるかというに、これに答えることは容易ではあるまいが、われわれの日常の経験に徴(きざ)して見るとほぼ考え得るところがある。我々は平素は自分の知っている言語で思想を発表して遺憾は無いかの如くに思っているけれども、特別に或る情感なり、或る事件なりを表現しようとすると、それにうまくあてはまる語なり言い廻しなりが、何としても見つからぬということを時々経験する。それは詩歌の創作などに当ってはこの感が特にしばしばあらわれるのである。かような事情が何故に在るのであるかというに、言語というものは客観性を有するものであるということに原因するのである。言語に客観性があるということはどう云う事かというに仮りにここに或る事物があるとすると、甲が自分の考えで或る言語の形でこれを表現したとする。その時に誰が聞いてもその事物とその言語とが合致したものと認められればそれは世間に通用するけれども、そうで無ければ、それは言語としての客観性が無くて世間に通用しないのである。言語に客観性があるという事は言語は他人の一定の理解を得なければ、言語としての資格が無いという意味にもなる。かくの如く世間一般に一定の理解を以て受け取られるということが無いならば、言語というものの世間に存在する必然性が無くなってしまうのである。

　この言語の客観性ということは言語が一面社会的産物であるということに基づくものである。元来言語というものは人間の思想発表に相違無いけれども、それが言語として認められるのはその人の生活する社会共通の認識に基づくものである。我々が言語を用いるその目的の一半（いっぱん）は他人の理解に訴える点にある。この理解の生ずる基は社会共通の認識にある。かような次第であるから、その言語操縦者が勝手に言語の形なり意味なりを変更したりすることは出来ないものであり、また勝手に新しい語を造っても社会が公認しなければ、何にもならずに終るものであろう。

　かように言語の客観性社会性ということに着眼して来ると、我々の用いる語の数に限りがあるということの理由も明らかになって来る。我々は或る事物をば、いろいろに言ってみたいと思うことがあっても、それを世間が理解してくれない時には何とも致し方の無いものである。そこで或る国語の数なり、またはそのいいあらわし方の種類なりというものは、その民族なり国民なりの思想の発表及び理解の方式として公認せられたものの具体化したものであるといい得るのであって、その方法以外にはその国民なり民族なりは発表の方法、理解の手段をもたないということを反面に示しているものであるともいいうるであろう。かように考えると言語は決して個人的のもので無く、社会的民族的のものであるということが明瞭に認められるであろう。

かように言語は勝手に変更したり、創作したりすることの出来ないものとすれば、言語の変遷というようなこと、また往々新しい言語が出来るというようなことはどうした訳かという問題が起るであろう。創作などをやっていると、現在の言語のもの足りなさを感ずることは誰しもしばしば経験することであろう。そうかと云ってその国語を貧弱だなどと云ってしまうのは一を知って未だ二を知らぬものである。人間の主観はいくらでも変化出没するものである。その個々の主観のままに言語をつくったら無数の語が生じて、他人が一々それを知らねばならぬということになれば、始末に了おえぬことになるのはいうまでも無い。言語というものは或る意味から見れば、通貨のようなものである。僅かの種類の通貨で種々雑多の勘定の決済の出来るところに通貨の有難みがあるように、限られた一定の言語で種々のいい廻しの出来るところに妙味があるのである。しかしながら、従来の言語ではどうしても現し得ない事物が生じてくると、社会が必要を感じて新たに詞をつくる。そのつくり方については今述べないが、とにかくいろいろの方法で新たな詞をつくり試みる。それらのうちで、社会一般の公認を経て来ると、それが通用語となるのである。それは世間に公認せられると云っても法律の公布のようなものでは無くて習慣的に、いつしか公認した形になる。かようにして語の形態なり意義なりが、いつしかかわり、また新たな語も往々生じるのである。これは一口にいえば歴史の結果というべき事である。この点を見て私は言語には歴史性があるというのであるが、言語の客観性といううちにも社会性歴史性というものが主たる要素をなすものである。

言語は上にいう如く思想を内容として起ったものであるから、理論上、思想が主で言語がその従属物であるのであるが、しかしながら、よく事の実際を考えると一概にそうと云い切ってしまうことの出来ない場合もあるように思われる。人間の思想が単純なものだけであるとすれば、もとより問題は無いが、高尚な複雑な思想になると、言語というものの助けが無ければ、その思想を運営することが出来なくなる。この事は高等な数学になると代数的記号を用いなければどうしても出来ないということと余程似たところがある。文化が進み、思想が高度に進展すると言語や文字の助け無くしては思想の運営が出来なくなるように到るのである。かような場合に到ると、思想と云うものが、言語の助けを待つこと多大なものであるということが明白になる。昔は「言語が無くては思想を構成することは出来ない」というようなことを主張した学者も有ったが、それは事実の本末を顛倒したものであることは明白だけれども、文化の発達が高度になるとそれに似たような事が自然に生じて来る事は実際上には在るといわねばならぬ。

　ここに国語ということについて考えるに、それの限定性が国家という点、国民という点にあることはいうまでも無いが、我々は今一般に国語といわるるものは何であるかという抽象的の議論をしているのでは無くして大日本国の国語という具体的のものを論じているのであるから話は直ちにそこに進み入らねばならぬ。

　日本の国語というものに就いては言語の一般通有性の上に大日本国の語また大和民

族の語であるということが限定的に加えられねばならぬ。この限定性は上に抽象的に述べた客観性そのものの具体的発現である。その客観性は社会性歴史性のものであることはいうまでも無いから、国語そのものはこの大和民族の通用語であるという限定性、日本国家の通用語であるという限定性を加えて考えねばならぬものである。この限定性を忘れて国語を論ずるものは特定の英雄を論ずるのに人類学の理論を以てするが如きもので、愚にもつかぬ迷論だといわれねばならぬことに終るであろう。然るにかくの如き迂闊な論が、真理であるかの如く今なお一部の人に信じられている様に見ゆるのは遺憾である。

およそ言語というものは既に述べた通り社会的歴史的のものであるからして、国語そのものはもとより我が国家我が民族を離れては客観性を失うものであることは勿論、我が国の歴史、我が民族の生活を離れては理解が出来なくなるものである。単に理解が出来ぬのみならず、我が国の歴史、我が民族の生活を離れてしまったら、どこに国語というものの本体があるのであるか、これらの事を顧みれば、従来の国語学者の言論には遺憾な点、迂闊な点、また是認出来ない点が少からず存したことを認めるのである。

従来の国語学者は現代の口語のみが実際の国語で、文語や古語は顧みる必要が無いという様なことをいい、そのような論が大学者と目せられた人々の言論主張にしばしばあらわれたところから末流の人々には、往々信ぜられて来たようである。ここに先ずその古語というものに就いて一往考えを正しておく必要がある。古語という意味は古代に用いられたという意味だけではあるまい。古代から用いられている語というだけの意味でいうとすると、我が国語の純なるもの即ち外来語とか、後世発達した語とかいわれない語は殆ど皆古代語と云ってもよいのであって、我々の日常使用する純正なる国語というものはこの国家とそのはじめを一にしていると信ぜられるものである。かようなものは古語にして同時に現代語なのである。それ故に普通に古語というのはかようなものをさすので無いことは明らかである。普通に古語というのは古代には通用したが、現代には通用しない語という意味であろう。それらは現代語ということは出来ないだろうが、国語で無いとはいわれないであろう。たとい、現代に用いられなくても我々の祖先が用いたことは確実である。我々の祖先が用いたという事実が無いならば、古語と認めるという事も無い筈である。要するに国語というものは古語をもその内容として有することは明らかである。

ここにこの古語ということについて更に一層深く考えて見る必要がある。今我々が或る語を古語であるという、その語が現代の我々と全然没交渉のものであろうか。我々が、それを古語であるということをどうして知り得るのであるかというと、それは現に存する古代の文献によって知り得るのだということは明らかである。若し古代に実際にはあったが、それを記載した文献が全然滅びてしまったという場合にはそれに用いた或る語というものは全く想像することも出来ないであろう。かように考えて来ると我々の古語に関する知識というものはそれは古代の知識では無くて、現代の生きた知識であって、それが現代人の精神生活と没交渉のものだということは出来ないものである。ただそれが現代の日常生活の用に直ちに供せられぬという点だけが、いわゆる現代語と違うのである。さて、それはそういうもののいわゆる古語は現代の思想交換の要具として日常の用に供していないことは事実である。しかしながら、言語の歴史性ということを考えて来ると現代使用している語の本意なり語感なりというものを知ろうとするには勢いその歴史に溯らねばならぬことになる。

更にまた言語と文化との関係を考えて来ると古語というものの重要さが更によく認められる。先にも述べた通り、文化というものは言語文字と非常に深い関係が有って、言語文字の助けが無くしては高等の文化は展開し難いであろう。さて、また現代のこの文化を後世に伝えようとするとそれは如何なる事であろうとも、言語ことに文学文章の媒介によらねばならない事は明白である。かくしてこれを基にして逆に考えてみると、上代の文化を今日に伝えて来たのは主として文献の力であることは争われない事である。かようにして考えて来ると、文献というものは古代からの文化を貯蔵して今日に伝えてくれるところの大なる宝庫であるといわねばならぬ。而して、この宝庫を開くことの出来るところの鍵というものは古代の文字言語に関する正当なる認識即ち古語の知識である。かように段々と考えて来ると、古語というものの一国文化の開展に関して絶大なる重要性を有することが明白に知られる。古語を無視することは畢竟一国の文化を無視すると同じ事になるのである。

次に現代の国語ということについて考えて見ると、これまた種々の方面から観察せられることを説かねばならぬ。先ず第一には方言その他と普通語との区別である。ここに方言その他と云ったのは他にいい方が無いので仮りに用いた語である。およそ言語は人の年齢により、また、男女の別により、老幼の差により、職業により、社会により、地方により、それぞれの用いる語を多少ずつ異にすることのあるものであるが、それらはそれぞれの限られた部分に通用しつつ他の部分には通用しない語、若しくは他の部分のものの用いるに適しないものがある。女の用いる語が男には用いることが出来ず、幼児の用いる語が壮年の人に用いることの出来ぬというような事実を考えてもこの事は明らかであろう。かくの如く国民の一部分にのみ通用する語が、一方に存すると共に国民全般に通用する語もある。現代の人々の口頭に用いる語は即ち今いう二者のいずれかのうちにあるということは明らかである。

さてその部分的の語というものはその用いる人または社会の差によって或いは小児語、婦人語、学生語、兵隊語（古くは武者詞というものも在った）、職人語など一定の名目で呼ばるるものもあるけれども、すべてが一々一定の名目を有しているもので無いから、それを一定の名目で区別して示すことは困難である。さようにしてそれらはさまざまの姿であらわれるものであるがそのうち最も著しいものは方言である。

およそ国語という名称はその国家の領土に行われ、その国民のすべてが使用する言語を指して名づけたものであることは論ずるまでも無い。然しながら事実上から見れば、上に述べた通り、地方、職業、老幼、男女などの差によって一々の語に就いてこまかく論じて来ると真に同じい語というものを見ないと云ってよい位である。ここに於て国語というものは実際上如何なる語をさすかという問題が生じる。或る学者は方言の外に国語は無いと云った。これは国民たる各個人の外に国民は無と云うのに似ている。国民の各個人は時の移るに随って次第に亡び行くことは実際の姿である。それ故に現在の一億の国民の各個人は今から百年もすれば幾人も生き残るまい。然らば、百年の後には日本国民は死に亡せて僅かに数人を残すに止まるというべきであろうか。然しながら如何なる人もか様の事は信じないであろう。即ちこの意見は最初に既に重大な誤謬に陥っているのである。これは国民という全体観による統括的存在と、その成文たる各個人とを区別し得ない思想的混乱が基をなしているのである。国語と方言との関係もこれに似た点があって、個々の方言以外に国語が無いというのは個々の日本人の外に日本人なしというに同じい誤謬を含んである。そもそも国語というものは我が民族の間に行われ来た言語の統括的実在であって、方言というものはその差別相を主として、個々を観た場合の部分的実在である。若し差別相に立脚して極端に論ずれば一億の国民すべて皆多少ずつその言語を異にして一つも同じものが無いと云ってよいであろう。方言と云うものは地域の差別によって現れた国語の差別相を観た場合の名目で、その方言という意識の基底には国語そのものの本質は時と処とによって、かわらぬものだという大前提があることはいうまでも無いのである。方言以外に国語が無いという人はこの大前提を知らず、方言という語の意義自体を忘れているのであろう。

国語という語は元来統一的の意識を以て名づけられた名目であるが、方言という語は分化するものとして名づけられた名目である。この方言という語は地方によりての分化ということに根本をおくのであるが、言語の分化は地方的生活に基づいてだけ行われるものでは無くして、人間の生活の諸種の場合にそれらがそれぞれ一団をなして生活を共にするその当事者の間に共通する思想に基づいて、その社会の通用語として生ずることは方言と大体異なる点が無いのであろう。ただそれらと方言と異なる点は方言はその地域によって生ずるものであるのに、これは地域に基底を置かずして、交際社会のうちに発生するものであるということである。なおこの種類に属すべき特殊の性質の語としては忌詞（いみことば）や隠語というものもあるが、今それらを一々にはいわぬ、さてまたそれらの方言的性質を有する語から一般語に移り行くものもある。

さてその一般語の方面に於ても口語と文語との区別が国語に存する。口語というのは文字のままにいわば口頭の語という意味に聞えるけれど、必ずしも単純にそうはいわれない。口語は文語と相対していう時の名目であって、専ら談話に用いる語と専ら文書の為に用いる語とに差異の有る時に、専ら談話の際に用いる語をば口語といい、専ら文書に用いる語をば文語ということにしたのである。かように文語と口語との差異は殆どすべての国語に存すると云ってもよい位のことで、苟も文化を有する国民にあっては必ず多少なりともこの差異の存するものである。文語と口語との区別は普通には声音のみでいう場合と文字を用いる場合との差異に基づくものと見られてある。その意見はもとより不当とはいわれない。しかしながら、その点だけに口語と文語との差異の存するもので無いということを忘れてはならぬ。この二者の区別は蓋しもっともっと深い奥に存するものと思われる。

　ここに口語とは如何なるものであるかということを考えるときに種々の疑問が生ずる。口頭の語即ち口語だとすれば演説、講演、講義、説教の如きものもまた口語というべきもののようである。然るに、それら演説、講演、講義、説教などは日常家庭や店頭などでとりかわす談話などとは頗るちがっているもので、それらと日常の談話とを口頭でいうものだからとして同一の口語だとすることは頗る躊躇せしめらるる点がある。これらの講演、講義、演説などに用いる語彙は談話に用いるものとは頗る内容を異にして寧(むし)ろ文語に近いものである。抑(そもそ)も文語と口語との差を口頭のみの語と文字にて書く語との差とか、談話に用いる語とか、文書に用いる語とかの差を以て説こうとするとどうしても割り切れぬものがある。言語というものが人間の生活の上に要用(いりよう)なものとする時にその人間の生活そのものを顧みてこれらの区別の存する所以(ゆえん)を考える必要がある。およそ如何なる社会にでも、人間の生活に私的生活と公的生活との区別の無いことは有るまい。その公私の生活の差別はおのずから用いる言語の上にもあらわるることは自然のことである。彼(か)の小児の語の如きは私生活にのみ行わるる語の最も著しいもので、婦人間専用の語の如きも、またその一種である。さて、その公的生活の上にあらわるる語は国家並びに社会全般の統制、規律を維持し行くべきなどの為に感情の上には厳粛なるべきことを要求するが如くに、用語の上にも規律正しく厳正なることを主要とするであろう。この故に儀礼的の語を用い、発音も語格も便宜の為になめらかにするが如きことを避けて、つとめて威厳を保とうとするのは自然の事である。口語と文語との分岐点はまさにここに存するのであろう。されば一切を口頭の語だけで行った我が太古の時代にあっても家庭的私生活的の語と儀礼的公生活的の語とはおのずから区別の存したものだったということは疑うべからざるものであろう。

それ故に我が最古の文献たる『古事記』『日本書紀』にある用語の如きものはその詳細は論じ分けることが出来ないけれども、その本質上大体公的言語であったことは争うべきではあるまい。その他『続日本紀』の宣命、延喜式の祝詞(のりと)の如きは最もすぐれた公的の語を用いた標本というべきものであろう。

さて文字が公私の用に供せられはじめてより、自然に口頭の語と文書の語との間に差異を生ずるに至るべきことは声音と文字との本質上の差異に基づいて考えらるべきものであるが、それとても当初の差異は甚だしいものでは無かったろう。さてそれより後次第に変遷して、文字と声音との差異と、公的語と私的語との差異とが相からみ合うて、今日の文語と口語との差異を生ずるに至ったものであろう。今これらの詳細はここに論ずる訳には行かぬが、口語と文語との差異と関係とは粗(ほぼ)、上に述べた様なものであろう。

以上、述べる如きことであるから、文語と口語とに関する明治時代の国語学のいうところには首肯し難い点が少からず存する。彼(か)の現代の口語のみが実際の国語で、文字で書いたものなどは重きをおくに足らぬというような意見は、文語と口語との区別を知らないのみならず、公的言語と私的言語との区別がこの差別の間に寓せられてあることをも知らないものであって、一面には文化という重大な事実を無視し、野蛮人の言語を標準とした謬見であって、文化を有する国民を侮辱したものである。およそ文化を有する国民にあっては言語は口と耳との間に授受せらるるに止まるものでは無くして、文字により文章として盛んに用いられ、これによって、各般の文化的事実が絶えない進展をなすこととなるものである。今若し文明社会から一切の文字文章を奪い去ったならば、その文化は忽ちに消え失せ野蛮の境に陥ることは明らかである。特に文語は我が国にあっては国家公式の語としてこれを尊重せねばならぬものである事は事実上明白である。

以上、私は国語というものについて、簡単ながら一往の説明を加えて見た。ここに最後に臨み、国語そのものの精神とそれに対する我々の覚悟とを一言することにする。

要するに、国語はそれぞれの国民の遠い祖先から継承して来た精神的文化的の遺産である。後世の子孫に伝わっている遠い祖先の血が遠祖の持っていたのと同じ興奮と感激とを後世の子孫の心に湧き立たせる如くに国語は縦には時の古今を結びつけて一とし、横には現在の国民の心を結合して一とする力を有する。

一面からいえば国語は国家の精神の宿っているところであり、また国民の精神的文化的の共同的遺産の宝庫であると共に、過去の伝統を現在と将来とに伝える唯一の機関である。即ちこの国家の精神のやどっているところという点から考えれば、わが現在の口語のみならず、文語はもとより遠く祖先以来の古典に存する言語が一層尊くなるのである。

かくして我々が国語に対してつとむべき点はこれを尊重し、これを愛護するという一事に尽きると云ってよかろう。然しながらただ尊重し愛護すると云っても、その方法が当を得なければ、かえって国語を害する結果となることは近頃頻繁に行われている事実を見ても知られる。国語を尊重し愛護することの根本義は私が既にしばしば述べたとおり、その伝統性を重んじ以てその純粋性を擁護することである。国語が歴史の所産であることを考えれば、その伝統性が、国語の生命ともいうべきものであることは明白である。国語の伝統性を傷つけて以て国語を尊重するなどいうことは人に危害を加えて以てこれその人を愛するが故のわざであるというと何の違いがあろう。私はこの国語の伝統性を傷つけることはやがては国家に危害を加える漸(きざし)をなすであろうことを畏れ恐(かし)こむのである。

——朝日新聞社刊『国語文化講座第二巻国語概論篇』

国語国文の本旨と教育

一　教育の目的と文化の継承

　最初から申し上げて置くが、私は現代の国語教育に反対の意見を抱いている一人である。是非とも、一日も早くこれが根本的の改革を行わなければ、国語国文の教育は無能であるのみか、寧(むし)ろ害毒の伴うことさえ尠(すくな)しとしないのである。従って機会ある毎に、公開の席上でこれを論じて来たのであるが、ここにまた、国語国文の本質に関聯して意見を陳(の)べ、諸君の批判を仰ぎたいと思う。

　話に入る前に、一言申し上げて置きたい事は、国語教育の改革という問題に伴って、仮名遣いがむつかしくてどうの、こうのと云い、漢字が煩わしくて云々と云って、私等の云う意見が実際にはなかなか行われないなどと云う人がある。併しそれは甚だつまらぬ煩悶であって、やろうと思えば、必ず出来る事である。実行して見ないで、理論ばかり考えているから、出来にくい様に思うだけのことである。その証拠に、私は、非常に御参考になるものを持っている。それは満洲国建国大学に新たに入学したロシア人の作文である。その人達は入学を許した時には日本語を知らぬ。しかし、全く入学せしめぬという事も出来ぬということで片仮名と平仮名とだけを知っていればよいとしたという事である。この学生達が、入学後六ヶ月の教育を受けた後に、書いた作文が今お目にかけるこれで、実に見事なものである。仮名遣いの間違いなどは殆どなく、また彼等は漢字が好きで、随分漢字を入れて書いている。この一例を見ても、仮名遣いが面倒であるとか云う事は、全く、努めてこれを学ぼうとしないだけの事で、やれば、必ず出来ることがわかる。もっとも、私は、こういう例があるから、日本の小学教育でもこれが容易に出来ると云うのではない。私の意見は意見として、初めから立って居る。ただその一例として、嘘偽りのない実際の例をお目にかけるまでである。

およそ教育の目的とするところは、常に一つであり、そう幾つもある筈のものではないが、便宜上、これを三方面に分けて考察してみることが出来るかと思う。即ち、

一、文化の継承
二、国民たる資格の継承
三、個人の身体、智能、徳操の養成

である。精神的であると、物質的であるとを問わず、一国文化の継承という目的が若し無かったならば、国が殊更に教育という特別の施設をなす必要はないのである。人によると、現代の教育は智育偏重の弊があるなどと、誠しやかに云う。併しながら、教育から智育を除いたら、果して何が残るか。極端に云えば、私などは、教育は智育だけでも宜しいと思っている。何故というに、単に個人の身体を強壮にしたいのであるならば、わざわざ毎日学校に通って運動せずとも、十分に目的の達せられる方法が、他に幾らもある。何も政府が莫大なる金を費して、子供達を運動させなくともよいのである。また個人の徳操、情操というものを豊富にするという事を考えても、少しく教養あり思考力のある母親が傍についていれば、寧ろ学校へ通うよりも遥かに多くの効果を期待することが出来よう。これは決して不可能ではないのである。併しながら、智育という点だけは、これを個人の家庭教育に任せて置いては、その円満なる発達を望むことは難かしい。特に一国々民として、文化の継承という最も大きい役目を背負っている以上は、少くとも或る水準まで、知識が普遍的に行き亘っていなければならぬ。それでなければ、我々は前代の文化を継承する資格もないし、またそれを後代に伝えるだけの力を持たない訳である。それだから、智育だけは、たとえ偏重であっても、これを公けの機関に托して、円満にかつ普遍的に向上させてゆかなければならぬ責任がある。そこに教育という特別施設の必要性が存している。

ここで暫（しば）らく、文化現象に就いて考えてみる。どうかすると、文化は、他の自然現象と同じく、自然に進歩し向上してゆくもの、自然に進むべきは進み、残るべきは残ってゆくと思っている人がある。これは甚だしく間違った観念であることは云うまでもない。若（も）しも文化が、植物の成長するが如く、自然に放任して置いて、どんどん伸びてゆくものであるならば、人間という小さいものが、頭脳のある限りを絞って、これに参与し、これを発展せしめんと努力する事は、一切無駄であり、自然に任せて置いて、知らぬ顔をしていればよいということになる。例えばギリシャやローマの文化は今にも伝わっているというが、しかし彼等の国が亡びてから既に久しい年月が経つが、かつて、華の如く開いた彼（か）の国の文化が、今に伝わり残っているのは、他国に彼等の文化の継承者があったからのことである。国が亡びても、文化は単純に残ってゆくというものではない。必ずこれを継承するものがあって、初めて、後世に残る事が出来るのである。継承者がなかった為に、永遠に埋もれたまま、今我々の知る事を得ぬ古代文化はどれ程あったか知れない。昔、栄えたものは、独りギリシャ、ローマのみではなかったであろう。最近発掘せられて明瞭となったアッシリヤの古代文化なども、発掘せられた遺物を現代に於て判定し得たということは、即ちまた、その学者が一種の継承者の役目を為した訳であって、そうでなかったら、鏃（やじり）で石や煉瓦の上に書いたものが、文字であるかどうかもわからず、遂に今日の輝かしい日の目を見ることは出来なかったであろう。

もっと手近なわかり易い例を取ってみると、その辺にいくらでも使っている硝子（ガラス）である。硝子は英語の glass で、これを日本に盛んに輸入したのは、明治の初年からであった。輸入した当時は、まだ製法までは伝わらなかった。日本で、実用に供し得る様な板硝子を製造し得る様になったと新聞に出ていたのは、私は記憶しているが、明治四十年頃であった。ところが硝子そのものは、明治初年が輸入の嚆矢であったのではない。その前に既に和蘭（オランダ）から来ていたビードロというものは硝子である。更にそれをば別の語でギヤマンと称して、甚だ珍重しておった。ギヤマンは和蘭語のディアマンの転訛で即ちダイアモンドという意味である。ダイアモンドのコップなどというものがある筈はないと、今の我々にならすぐわかるけれども、当時はこれを、誠にギヤマンの盃であるとして珍重した。当時の日本人が、和蘭人等の口車に乗って、如何に馬鹿な目を見、暴利を貪られていたかは、想像に余りある。江戸の末に近く徳川家斉が将軍職を継ぐ頃に、老中田沼意次を弾劾する事件が起ったが、その弾劾理由の一ヶ条に、彼がビードロの障子を使用して奢侈を極めているということが挙げてある。

ガラスの障子は今日では一般の民家に用いているが、昔は珍らしかったのだから、贅沢なことには相違ないが、しかし、そのガラスとダイアモンドとの区別が出来なかった当時の我々の祖先はこの点に於て無智であったことは争われない。然らばそのようにそれを使えば、分に過ぎたる贅沢として非難せられ、また一方ではギヤマンだなどと云って、和蘭人に高い価で売り付けられたその硝子は、それでは、在来の日本に全然無かったものであるかと云えば、決してそうではない。鎌倉時代まで硝子の製造が続いていたことにはいろいろの証拠が残っており、その以前には、もっと隆盛に行われていたものと思われる。古墳から発掘せられたもののうちにも、往々にして硝子製品がある。最近の発掘品の中から国宝に指定せられた瑠璃壺の如きは、永い間、地中にあったこととて、勿論表面はざらざらしているが、これを透して見ると麗しい緑色の硝子であることが明らかである。即ち硝子の製造は、遠い上代から既に行われて、鎌倉時代まではつづいていたのに、その後は、この文化の継承は何の理由でか行われず、ぱったりと絶えてしまって、果ては、硝子障子を嵌めたが為に退けられなければならぬ様にまでなったのである。この一例だけを以てしても、文化が決して、自然のままに放任して置いて生育するものでないことはよくわかるが、ついでにもう一例挙げてみると、牛乳などは、誰でもが、明治になってからはじめて日本人が飲み出したものの様に思っている。しかし、これまた、古く日本に無かったものではない。千年も前の延喜式には乳牛と云って、乳を搾る牛の事が、ちゃんと出ている。その上、お上のおあがりになる、その乳の分量までが記して載せてあるのである。更に溯れば大化改新以前にもこの事が行われていた証拠がある。これもまた夙く伝承を失って、絶えていたものの一つである。

とにかく、文化は、人間がこれに参与し、努力する事によってのみ進歩し、かつ保存することを得るのであって、人間の努力が加わらなければ、衰えるか亡びるかの外はない。而して一国文化の衰退は、国そのものの精神乃至は内実の力の衰退によるのであるから、我々は一国民として、今あるこの文化を向上させ、充実させて、これを後代に伝えてゆく責任がある。そうしてこの文化に関しての人間の参与と努力とを完からしめる為には、どうしても教育が必要である。文化と教育との密接にして重要なる関係が、ここに生ずる。固よりそれには、個人の智能が、その文化を継承し得るまでに発達していることが、何よりの要件ではある。例えばラジオなどを、一寸調子が悪いという位のことであるなら、ラジオ屋の店員でも直してくれる。彼等はラジオ文化に就いて周到な学理的の知識は持っておらないが、ラジオ直しの職人として器械の故障を修繕することだけは心得ているから、大抵の故障ならば直して了う。併しこれ以上の仕事、今あるラジオそのものの改善というようなことになると、もはや彼等では出来ない。それをする為には、尠くとも最低常識として電波の知識などを中心とする、今あるラジオ文化を形成しているあらゆる科学の知識を呑み込んで置く必要がある。それでなかったら、一歩だって前進は出来ない。その人の智力が或る地点にまで達していなければ、そのものの前に出るわけにはゆかないからである。文化の継承ということは、必然的に、それを一層発展せしめることを内容としているのであって、単に壊れた個所の修繕が出来ればよいという意味ではない。そこに、文化の継承を職工連中に委せて置いて安心の出来ない理由がある。第三項に、特に個人の智能の養成を以て、その目的としたのも、これが文化の継承の為に最も枢要なるものであるという関係に立つものだからである。

第二の国民としての資格の継承に就いては、今更説くを要せぬ程、明らかなことである。如何に物の理窟は覚えていても、国民としての資格に欠けるようなことがあっては、何にもならない。国民ということを忘れた教育がある筈のものではない。従ってこの方面に於ては特に、各個人の徳操の養成が重大なる関係を持って来る。徳操の養成を家庭教育にだけ委せないで、国家の教育という施設の一の目的とするのはこの為であって、単なる個人としての完成だけではその意味が徹底しないのである。現代の教育は、この点にも相当の欠陥を持っていると思う。

第三項に就いては、智能、徳操の養成は、今述べた通りである。身体の養成は、教育を施す為の基礎であって、寧ろ教育本来の目的ではない。即ち第一、第二の目的を強固にし、かつ遺憾なからしめる為に必要なのであって、決して単なる身体の養成を以て目的とはしない。このことを国民体位の向上という問題と関聯させて、誤解している人もかなりある様に思うが、文化継承の為の智能の養成、国民たる資格継承の為の徳操養成、この二つが教育の主流にあって、その目的を実現する基礎としての身体養成の意義がある。国民体位の向上ということが云われなければならぬ根本の理由は、そこにある。これを忘れて、無暗に身体ばかり大きくなったところで仕方がない。

要するに教育の目的はただ一つ。国民としての精神的の遺産相続にあり、同時に、相続し得る様に国民を指導してゆくことである。この意味を没却した様な教育ならば単なる形骸にすぎない。或いは、それらの事を知ってはいても、やらないというならば、意味を没却したのと同じ結果である。だから苟(いやし)くもそういう教育者が一人でもあるとするならば、その人は、もはや一時間と雖(いえど)も、教壇に立つを許されないものである。教育という事業は、かつて戊申詔書(ぼしんしょうしょ)を謹解した中にも述べた様に、謂わば国家の生殖作業である。国家はその永遠の生命を実現しつつ行く為にその要素としての生命あるものを産み、その生命あるものを健全に育ててゆくこと、恰(あたか)も個人の子を産みこれを育ててゆくに等しい。しかも国家は個人の生滅を超えて、永遠無窮に存在する。即ち教育に宿るものは永遠の生命である。

二　教育と国語との関係

以上で、文化とはどういうものか、その文化と教育とが如何なる関係に立ち、教育の目的とするところが何処にあるかということを論じたが、更に教育と国語とはどういう関係にあるかを、少しく説いてみたい。第一に、国語を知らなければ先生として教育を行うことは出来ない。また、生徒として教育せられることも出来ないことは自明の理である。先生と生徒のお互いが、喋言（しゃべ）っている言葉がわからぬようでは何にもならない。かように教育という事が行わるるには教師と生徒とが国語を知っているということが、最も根本的なことではあるけれども、而（しか）も国語教育は、国語を知らなければ何もわからぬからという理由でこれを課するものではない。即ち一歩進めて教育事業の方面からこれを見ると、国語教育そのものは一つの重要なる目的があるのであって、決して単なる方便——他の学科を修める為の手段ではない。国語教育そのものが一つの重要なる目的であることに就いては、これが今日の私の話の中心点である為に、追々論じてゆく事になるが、この本旨を思い誤って、国語を単に方便として蔑視した結果、今の国語教育はこれを根本的に改正して貰わねばならぬまでに堕落して来たのである。これ即ち、私どもが、声を大きくして現代のやり方に反対意見を唱えなければならぬ所以（ゆえん）であるが、その前に順序として言語及び文字に就いて、少しく話をして置きたい。

（イ）言語の本質

抑（そもそ）も、言語とは何であるか。言語は音声を以て表現している。併し音声は言語ではない。言語という以上は思想と密接不離の関係にあるもので、思想が無ければ言語は発生しない。発表せんとする思想が内在して、初めて言語が生れるのである。併し、それだからと云って言語は思想そのものではない。思想を内容として音声を以て表現としたもの、それが言語である。それでは言語は思想表現の全部かというと、これまたそうではない。身振りや顔付きを以てしても、或る種の思想は表現することが出来る。結局、言語は、思想発表に用いる材料の一つであると見ることが出来る。

　それならば、材料として使う言語は、発表せんとする思想を、常に完全に表現することが出来るかというと、これまた問題で、ちょっと容易には答えられない。我々の日常の経験に徴しても、平素は、各々の持っている言語で思想を発表して、それで完全だと思っている事もあるが、何か特別な情感なり事情なりを表現しようとして、それにぴったりと当てはまる言語や云い廻しが、どうしても出て来ないという時もまた度々である。特に詩歌の創作に於ては、この感が深い。これは後に述べるが、言語の客観性ということに深い関係があり、その客観性あるが為に、言語は個人の都合で勝手に作ったり、変更したりする事が出来ぬからである。つまり、言語とは、表現せられたものをさして云うのであって、決して表現せられている思想そのものを云うのではない。この意味に於ては、言語と実地に表現する思想とは間接的関係に立っているものである。

ところが「言語が無ければ思想は無い」という説を唱えた人がある。これに就いて少しく考えてみると、今も云う様に、発表せんとする思想がなければ、言語は発生せぬのであるから、この関係は明らかに思想が主で言語が従たる関係にある。従ってその説は、主従を顚倒したものであって成立しないことになる。併し、こういう説が唱えられるにもまた、相当の理由があるのである。人間の思想が単純なものであれば問題は無いが、かなり高等複雑な思想感情になってくると、適当な言語がなければ簡単に、また自在に表現が出来ぬということがある。例えば数学に於て若しも代数記号というものがなかったら、高等数学は起り得なかったに違いない。何時までも、掛けたり足したりしてばかりいたのでは、到底、複雑なる高度の数を左右する事は不可能である。簡単な代数記号を得た事によって、これを利用して、一次方程式から、漸次高次の方程式に進んで、今日の様な高等数学を生んで来たのである。即ちこの例の如く、然るべき言語が存しなかったら、高度の思想は起り得ないということが、実際上に云えるであろう。而も思想は常に高いものへ、高いものへと要求することが、一国文化を進展せしめる所以である事を思えば、言語と思想との、この関係は一層痛切なものがある。言語は高等数学に於ける代数記号の役目と、同じ立場にあるものであることを忘れてはならぬ。

思想が如何に偉大なものであるかということは、今更説くを要せぬ事である。世界を動かし、人心を誘導した多くの偉大なる思想を我々は知っているが、それ等の思想を表現したところの言語が、更にそれ以上の偉大性を持つものであることは勿論である。だから、言語を単に手段であり、方便に過ぎぬとしてこれを軽んじていては、思想文化は一歩も進み得ない。同時に一国の発展も望む訳にはゆかない。思想は思想で、何か別に発展してゆくものの様に考えて、言語と思想とは別物であるかの如くに思い誤るところから、言語を方便なりとして扱う様な間違った態度が出て来るのであろう。言語は思想あることによって発生したものであるから、思想の進展過程が時間的であれば、言語も従って時間的延長性を持つ訳である。また言語は音声であるという点で、音声の本質から考えても、時間的延長性を持っていることが云える。とにかく、言語は時間的継続の上に立つのが本質であり、思想の延長として、密接不離なる関係にある。決して別々の存在ではあり得ない。この点を忘れてしまえば、国語の教育などは、実は何の意味もないのである。

（ロ）言語の客観性

言語は人間の主観から起るものではあるけれども、決して主観的のものではない。主観に触れてはいるが、純主観のものではなく、必ず客観性を持つものである。例えば、ここにコップがある。私がこれを指してカエルだと云ったら、諸君は笑われるであろう。これをカエルと云うのは私の主観であるが、もし言語が単に主観的のものであるならば、私は私の好みで、これを蛙と呼んでも差支えない理窟になる。併し諸君の中には、誰一人として、これを蛙と認める者はない。世間一般に蛙の語で通用しているものは、別にある。即ち、これをカエルと云うのには、何ら客観性がないということになる。主観から起るとは云っても、世間に通用しない言葉（通用しない言葉ということ自身に、既に矛盾があるが）を、一国の言語だとは云えない。

かように世間一般に、一定の理会を以て受取られるということが無いならば、言語というものの、世間に存在する必然性はなくなって了う。まことに、言語は或る人がそれによって、或る思想を表現し、世間一般は、その表現によって、その人の思想を理会するという、この二条件があって、初めて存在の価値がある。ここに云う理会とは、即ち言語の客観性に基づく事実である。客観性は、横には社会性を、縦には歴史性を持っている。社会性とは、同じ社会に生活している人であるならば、その言語に対しては誰でもが一様に、一定の概念と知識とを持っているという社会的普遍性である。コップならコップという言語に対しては、皆が同じ概念を以て接している。それを、同じ社会に生活しておりながら、私一人だけが、特に蛙だと云うことは許されない。歴史性とは、その言語が現在持っている社会的普遍性に至るまでの、歴史的過程である。これを無視しては言語は通用しない。今日から、私だけはこれを蛙と云いますからそのつもりでおって下さいと云ったって、通らないのである。勿論、新造の語でも、世間一般の公認を得れば通用語になる。文章家や詩人などが、創作上の必要から、新たな云い方をしても、その時直ちに世間の通用語となるものではない。ある程度の歴史的過程を経て、何時か習慣的に公認した形になる時に通用語となるのである。例えば勘定という語がある。物を買ったり、喰ったり、或いは宿屋に泊ったりした時に、さあ勘定を、という。この使い方が、勘定の語の今持っている意味である。ところが、勘は考える、定は定める意味の文字であるから、本来は考えて、その挙げ句に決定するという意味の語だった。それが何時の間にか、商売上の専用語となって、今いう様な、帳尻の決定額にだけ使うという風になって来た。これは勿論、相応の歴史的過程を経た結果である。これをもともと文字の意味は考え定めることだからと云って、政府の閣議決定事項などを、今日の政府の勘定は、などと新聞に書き出したらどうなるか。また例えば景気という語でも、これは元は経紀と書いて、道ということ、道を立てて法を定めるという意味の語であったが、明時代からこれも商人専売の語となって、商人の道、商人としての道を立てる意味に用い出し、そのまま長崎に輸入した。これから後ずっと、商売の上に関して使う語になっている。かようにして歴史的過程の上にその語の現在の意味と用法とが立っているのである。私は時々例に上げるのであるが、旅館と云い病院と云う語がある。これはどちらも建物であるから、それを互いにとりかえて或いは旅院と云い病館と云ってもよさそうであるが、そう言ってはどうもおかしい。それは歴史の違いによるのである。即ちこれ等にはそれぞれその名の起って来た原因がある。先ず旅館からいうと、支那古代の鴻臚寺(こうろじ)という役所があった。それは、日本の外務省に当るが、外国の使臣が来た時それらを泊める為に設けてあった建物をば鴻臚館と名づけた。これより後遠来の客の宿泊所を某館と云った。今も旅人の宿る家に館の字をつけるのは、ここから生じたのであろうと思う。さて病院はどうかというと、この方は、どうも仏教に関係があるらしい。寺の中の一区画は今でも院と云うが、それらのうちの特種なものから生じた名であろう。日本で云うと、四天王寺が出来た時に、その中に敬田院(きょうでんいん)、悲田院(ひでんいん)、福田(ママ)院という様な院を設けられた。さてそれは坊さんの住むところでなしに、慈善事業をする為、病人を宿泊させ、行路病者を収容して救うという様なところを、そういった名称をつけたのである。それがだんだん変化して来て、施薬院などという院も出来て来る。とにかく、貧窮者を収容して救い、病人を収容して癒してやったりするという様な、そういう所は皆、院と云っても少しもおかしくないという感じがついて来た。これが病院の院の源である。今では慈善事業には関係のない金儲けにやっているような病院もあるようだけれども、今尚、院と云って少しも差支えはない。そう云っても不自然ではないだけの歴史的背景があるからである。

結局は、言語は伝承的のもの、習慣的のものである。理論的、哲学的に見て必然性があるというものも無いことはないが、そうでないものが多い。茶碗というから茶を飲む碗かと思えば、それで飯を食うのが主たる用途である。鎌倉時代に茶碗の枕というのがある。茶碗を枕にしたのではなくて、今云う陶枕のことである。平安時代に茶碗の壺などと云っているものは、磁器のことである。こんな風に言語の理論的に矛盾しているものは、幾らでも例が挙げられる。どうしたって、飯を食う器を、茶碗と云う理窟は無い。これはただ昔から、そう呼ぶ習慣があるからに他ならない。

（八） 言語と文化の関係

言語がなくては思想がない、ということが或る意味に於て是認せられる様に、言語なくしては、高度の文化は起り得ない。第一に、言語が無ければ、文化の継承ということも行われない。文化は一切、言語によってのみ初めて継承せられるものである。その手段として、言語のままで継承せられるか、或いは文字に移して伝えられるかの差違はあるけれども、根本は言語に初まる。言語あることによって、文化は継承せられまた向上する。ここに言語と文化との関係があるが、一国に於ける文化の重要性を思えば、それを継承してゆく言語の偉大さということもわかるのである。ところが、文化の継承を更に確実にさせ、永久的のものにさせる力を持っているものは文字である。言語は聴覚に訴える刹那的のものであるから、聴いても忘れて了(しま)えば、それきりであるが、文字は視覚に訴える永久的のものであるから、後から何度でもこれを見ることが出来る。だから文化の継承手段としては一層確実なわけである。文字の利用が盛んになって来るにつれて、これと文化との重要なる関係は、更に緊密性を加えて来るのであるが、それでは、文字とは一体何であるか。

(二)　文字とは何ぞや

文字とは何であるかというと、それは声音の代りになるものだなどと直ぐに簡単に答える人がある。一見もっともの様に聞えるが、実は、とんでもない愚かな答である。

文字は目で見るもの、空間的であり、永久的である。声音は耳で聴くもの、時間的であり、刹那的である。この根本的の相違を考えただけでも、文字が声音の代りだなどとは言えぬことがわかる。如何にラジオが発達しても、これを目で見る様にはならぬ。耳で聴くべきものの代りに、目で見るものが出現するなどということは、論理上もあり得べからざることである。

文字と声音とは、かように本質的に相反しているだけでなく、発生的にも相違している。原始時代の文字は、いわゆる字ではなくて、魚なら魚の形、鳥ならば鳥の形を描いて、魚であること、鳥であることを表示した。即ち文字とは、物の面に或る形象を描き表した約束的の記号であると云うことが出来る。一定の記号を以て一定の概念を示す、これが文字の始まりである。その社会に約束的に一つの記号を描けば、それが誰にでも、或る定(きま)ったものの概念を与える、それでいいのであって、それを何と訓(よ)むかは問題ではない。例えば魚と云う文字の表現は、この文字から魚というものの概念を得れば足るのであって、決してサカナという発音の記号ではない。これをサカナと訓む訓まぬは、自ら別の問題に属する。但し、声音に訳した時は、その声音によるところの言語の記号となるのである。だから、初めから声音の記号として出来たものでは決してない。
以上の事から文字の本質として、次の四つを説明し得ると思う。

（ホ）文字の本質

一、文字は思想観念の視覚的形象的記号である。
二、文字は思想観念の記号として、一面に於て言語を代表する。
三、文字は社会共通の約束によって成立する。その約束によって生命を保ってゆく。
四、文字は伝承的のものであり、永久性を持つものである。

一番手近なわかり易い例を引くと、例えば、一箇を表わす文字は、誰が考えても一本の棒であって、野蛮人だからと云って、一箇を表示するのに、二本の棒を引く気遣いはない。この「ひとつ」にも漢字の一は横に、ローマ字のIは縦に、アラビヤ数字の*1*は斜めにと、三通りの書き方がある。それぞれに、そう書かなければ、漢字なりローマ字なりにならない。横に書いても縦に書いても、「いち」は「いち」だからと云って、漢字の一を縦にしたら「いち」とはよめぬ。ローマ字のIを横に書いたら、マイナスになって了(しま)う。I＋*1*＋一＝3 という様な数学の式は成立しない。一は漢字では、「いち」でも、数学の式ではマイナスであるから、こんな式を作って「いち」を三つ加えたのだとは云えない。また、十でも数学の式ではプラスであるが、漢字では「とお」である。然らば、これに理窟があるかと云えば、理窟はある。棒が一本だから「いち」であるという理窟はある。併し、横にしたり縦にしたりするのはどういうわけかと云えば、これは理窟はない。昔からこう書いているという伝統以外には、それを正しいと判断する標準は無いのである。更にまた、文字は永久性を持っている。一度「一」と書いたら、これは永久に、その存在する限り「いち」であって、途中で二になったり三になったりはしない。

（へ）　文字と文化との関係

文字は云うまでもなく、一国の文化的産物であって、これを持つか否か、乃至はこれが如何様（いかよう）に発達しているかということが、その国の文化の尺度になる。何故なれば、文字は今云うように、時間空間の制限を受けないで、その存在する限り、永久にその効果を失わないからである。従って文字を以て知識、思想を記録し、単にこれを普及せしめるのみならず、永く保存せしめるのである。こうした文字を持つことによって、複雑なかつ高度な思想を蓄積して、やがてはその蓄積が人間の精神的財産として相続せられる。そうしてこの蓄積が豊富であればある程、高度の文化が発達するのである。従って文字がなかったら、今日の如き文化は起り得べきではなかったかもしれぬ。文字と文化の関係、文字が寄与する文化への偉大な力というものは、何としても言語だけでは望むことは出来ぬものがある。

かくの如く、文字と文化の関係は不可離で、文字無くしては其の文化は盛んにならず、文字を亡ぼせば、文化の伝承は行われない。而も文化は一国の精彩であり、生命である。かつて、国字改良問題などということを審議しようとした事があった様だが、この意味で考えてゆけば、一国慣用の文字を軽々に取扱って、これを仮にも変改してみんとするなどは、一国文化の伝統を断絶せしめようと企てると同じである。文化の断絶を画策するなどは、正気の沙汰ではあるまい。かつて昭和六年に、文部省の一部に、仮名遣いが煩わしいと云うので、その変更を企てたという事が世間に伝わった時、過般国体に関して問題を惹起した美濃部達吉博士が、仮名遣いの変更は国体にまで波及すると云って反対せられた事があった。勿論美濃部博士は国家学の立場から主張せられたのであったろうけれども、そう云われた事に関する限り正しいのである。文字の改革などという問題は、机上の言論で止めて置くべきものである。興奮して論を闘わしていれば愉快になって来るだろうが、その愉快さだけを味わっておれば宜しい。間違っても実行問題などは考えるべきではない。

以上で私は大体、言語及び文字を論じて、それと文化との関係交渉を説いて来た。説き切れぬところも多いが、一先ずこれだけのことを前提として、国語国文の本質と教育という問題に入ってゆこう。

三　国語国文の本質

国語国文というも、すべて言語と文字に依るものである以上は、言語文字の本質も当然その中に含まれるが、それのみで国語国文の本質が成立しているのではない。即ちそこには、一国々語としての自らなる制限、国語としての特色、国語としての正、不正の標準、これ等がさし当って国語国文の本質を考うるにつれて考えなければならぬ問題である。

第一の問題から考えてゆくことにするが、およそ国語は如何にして起ったものであるかと云えば、それは云うまでもなく日本民族の産物であり、日本民族の精神生活が基調となっているものである。即ち日本の言語というものは、日本人の物の考え方、考えた結果、それ等を形に表したものだと云うことが出来る。従って日本語で表現しているものが日本思想の全部であって、それ以外には日本の思想はあり得ないわけである。国語としての制限とは、かかる意味のものでなければならない。いわゆる文法とは、こうした日本人の物を考える方式に名づけた語である。だからこれを裏から云えば、文法を無視しては、日本人としての考え方が出来ないということになる。ところが世間には、文法を蔑視している人が尠(すくな)い。中には、文法は知らずとも文章は書ける、文法などは無用だなどと云っているものがある。併し文法とは、日本人の物の考え方であるから、これを非難し軽蔑することは、日本人を、日本国を、日本民族を非難し軽蔑する結果になる。そんなことは許さるべきことではない。日本人流の物の考え方を知らずに、日本の文章が書けるなどとは、全く意味をなさない寝言だと思うより仕方がない。

　何某の文法学に於ける文法の説き方がわからぬからと云って、その文法学を批評したり、軽蔑したりするというのなら学問として普通の事だから怪しむには足らぬが、その為に学問の対象たる文法そのものをまで非難するのは間違いである。文法学と文法とは違う。学問とその学問の対象とは違うのである。若し牛と牛の学問とが同じなら、牛の研究書は煮て食えそうなものだ。或いは馬の事を研究した本を、車の先へぶらさげたら、馬と同じ様に曳いてくれるかと云えば、そうはゆかぬ。それと同じことで、何某の文法学が、つまらぬものであったからと云って、対象たる文法そのものをまで蔑視したりするのは、本末の事理を弁えざる愚論であるという外はない。

国語の特色に就いては、多方面に亘っていて簡単に述べるわけにはゆかぬ。またそれが今日の目的ではないから、荒筋だけを云うと、例えば音韻組織の上の母音と子音の結合の仕方が甚だ音楽的であること、単語などは、外国語よりは抽象的で、それだけ高度の発展を遂げていると云い得ること、また体言、用言、副詞などの観念語に対する助詞は、関係語であるが、これが文法上の職能と、排列上の位置が、品詞の性質上の分類と一致して、明快に区別せられているなども、世界に比類のない特色である。

かくの如くにして国語の様相を厳格に見てくれれば、日本人の思想がわかる。国語と外国語との言語の相違は、即ち思想運用の相違であって、それが文法の相違となって表れているわけである。そこに目をつけないで、文法だけを眺めていても、国語の本当の姿は理会出来ない。自分の事を申しては恐縮であるが、鳥居龍蔵君は私の永年の親友である。或る時謡曲を研究しているという外人を私に紹介して来たことがある。というのは、その外人は「卒都婆小町」と「綾の鼓」との二つの曲を相当多方面に亘って研究はしたが、どうもわからぬところがある。諸先生方を訪問してみたが、明解を得ないと云うのである。諸先生方にわからぬものが、謡曲だけを専攻しているものでもない私にわかる筈もあるまいとは思ったが、謡曲の事を外人に聞かれて返答が出来ぬ様では日本人の恥でもあり、日本の権威にもかかわると考えたから、とにかく引き受けた。さてその外人が私の宅に参りまして、今まで研究したことのノートを見せてくれたが、成程よく研究してある。私が問われたら答えようと思った点は皆調べて書いてあって、私などが口を出すところは、何処にもない。仕方がないから、「卒都婆小町」は『玉造小町壮衰書（たまつくりこまちそうすいしよ）』を基にしている、それは『群書類従』に入っている本であるというと、それも知っていると云う。そこで『群書類従』ではいかぬ、それの基になった本があるから、それをよく研究しなさいと、云わぬでもよい様なことを云って、お茶を濁していたが、とにかく外にもう云うことがない。それで最後に、それ程何もかもわかっているのに、一体、何が聞きたくて私のところへやってきたのですかと問うと、これだけの事なら私にもわかるが、どうしても理会出来ぬところが一ヶ所あると云って話し出した。その時の細かい問答は記憶にないが、結局日本人は何故こんな言い方をするかと云うことであった。これでは、丁度正面から切り込んで来るものと思って万端の準備をしていたのに、搦手(からめて)から奇襲した様なもので、これには私も尠(すくな)からずまごついたが、幸い、そのかみ、独逸(ドイツ)語と英語の文典を少しばかり噛ったことがあって、西洋人の物の考え方ということについてかねて多少考えていたので、この知識を基礎にして、日本人と外国人との文法の相違、つまり、云い方の相違、即ち物の考え方の相違というものを説明してやった。それで、どうにか外人は納得して帰ったという事があった。私は外人を帰してから、改めて、この云い方の相違というものに就いて考え込んだ。日本語と外国語の相違――文法の相違、それはつまりは日本人と外国人との思想運用の相違であるということが出来る。だから、文法を詳細に検討してゆけば、日本人の物の考え方、外国人の物の考え方は、はっきりとわかって来る筈のものである。

国家が今日まで維持せられて来た根本が、国民精神によるものであることは言を俟たぬが、その国民精神を最も具体的に認識することの出来るのは、一に国語によるのである。今日の国語は、今日までの日本の歴史の結果であり、その故に、国家の精神が一貫してこの国語の中に流れているということが出来る。国語こそは、国民的文化の宝庫である。即ち国語は我々の遠い祖先から伝わって来た尊い精神的遺産である。その国語の伝うる精神は我々の血の流れの中に伝わり、遠い父祖達が持ったと同じ様な興奮と感激とを今も我々に与える。その時には我々と我々の先祖とは、国語によって同心一体となるのである。

　古代を現代に意識的に伝え、現代を後代に意識的に伝えてゆくものは国語である。従って現代の通用語だけを以て国語だということは出来ない。人によると現代語と古代語などと区別を立てて、これを別の観念で見ているという態度の人がある。私は、そういう人をみると、古語とか現代語とか偉そうなことを云われるが、それで、あなたは何かわかっているんですか、と云ってみたい気がする。普通に古語というのは、古代には通用したが、現代では通用していないという語を指すのであろう。それは或いは現代語とは云えぬかも知れぬが、それが国語でないとは云えない。その古語が国語でなかったらそれは一体、何国の語であると云うか。それは恰(あたか)も先祖は現代人で無いから日本人で無いという同じい訳である。現代の我々には用いられていなくとも、我々の祖先がこれを用いていたことは確かである。その事実がなければ、これを古語と認めることすらも無い筈である。要するに国語という以上は、古語をもその内容として包含していることは明らかで、これを別個の存在とすることは出来ない。而も、そのいわゆる古語は、現代の我々に全然没交渉のものではないのである。第一、それが古語であることを、どうして我々が知り得るかと云えば、それは現に存する古代の文献によって知り得るのだということは明らかである。古代には実際あったが、これを記載した文献が亡びて了ったという場合には、我々はその語を全然想像してみることも出来ないのである。

かように考えて来ると、我々が古語に関して有する知識というものは、古代の知識でなくて、現代の生きた知識である。即ち古語の有した内容は、何かの形式で現代の語の中に継承せられて、生命を保っている。即ち現代人の精神生活と、没交渉のものだと云うことは出来ぬのである。ただ相違は、現代の実用に供せられぬというだけである。この認識を欠いて国語を語ろうと云うならば、語る方が間違いである。

要するに、国語は永遠に一つである。古今を貫いて、絶対的な時間性の上に立っている。そうしてこの時間性というものこそ、日本思想を一貫して流れる偉大な力であり、日本哲学というものがあるとすればそれの核心はここにある。この時間性という点に於ては、カントの哲学も、ヘーゲルの哲学も遠く及ばないのであって、実は西洋哲学の欠陥は時間性を無視している点にあった。在来のいわゆる日本哲学もこの西洋哲学の弊をそのまま承けているというものが多いが、時間性の認識を新たにして発足し直す必要があると考える。

そこで第三の問題であるが、とにかく国語の本質は、伝統の上にあるものだということに目覚めなければならぬ。その伝統的という点に、国語の正、不正という問題がかかっている。国語の正しいという標準は、正しい歴史、正しい使い方、正しい観念、正しい理会その他いろいろあるが、要するに正しいとは、伝統に基づきこれを重んずることに外ならぬ。換言すれば、社会的、歴史的の性質に基づくものをこそ正しいと云うのである。

四　国語と教育との関係

国語というものは、以上の如く、国民性の表現であり、国民精神の蓄積である。これが日本を正当に認識する基礎的知識でもあるから、国語に対する正当な認識が無かったら、国史も古典も国民性も、何ら正当な認識は得られない。而も一切の教育は国語を以て行われるから、国語と教育との重大なる関係は、一にかかってこの点にあるものと云ってよかろう。

近時、しばしば国語改良問題などと云うことを云っているものがあるが、本質的に云って国語は漫りに改むべからざるものである。国語には祖先以来の尊い血が流れており、その中には国民精神が宿っているのであるから、これを改めんとすることは、日本人としての考え方の改革であり、国民精神の改革であるということになる。そんなことを平気で審議しようなどと云うのは、気狂いの沙汰だと云われても仕方があるまい。裁判官は如何に法律が時宜に適せぬからと云って、これを改めて勝手な裁判を下すことは出来ぬ。また現に、そんなことをやっている裁判官は一人もない。ところが教育者には、この裁判官もやらぬ様なことを国語の上で平気でやっている者がある。これは国家に対する冒瀆である。一方には国民精神の宣揚を強調しながら、一方では、国民精神を伝承せる最も重要な国語に対して軽々しい態度に出るということは、誰の目にも明白な甚だしい矛盾である。併し、事は重大であるから、単に矛盾なりとして笑い去ってしまうことの出来る性質のものではない。あくまで然るべき見地に立って、どうしても時宜に適せぬから改革の必要があるとするならば、先ず一番簡単な「一」から試みるがよい。「一」は先程も云う様に、横に書いても縦に書いても「いち」であることには変りはない。だから先ずこれを改革してみて、それが出来たら他にも及ぼすべきである。これが出来ない間は、一歩たりとも前へ進み出ることは許されない。

（イ） 国語教育の目的

国語教育の眼目とする点は、常にただ一つ、正しいという点にかかっている。正しい歴史、正しい用法を知ること、正しい理会と正しい観念を持つことであり、結局は、歴史性、社会性に従うということになる。この点を思い誤れば、教育は一切無価値であるのみか、害毒をさえ流すものとなることは疑いがない。恰（あたか）も狂人に鋭利な正宗の銘刀を持たせて振り廻させる様なもので、待っているものが鈍刀なら、怪我ですむけれども、稀代の銘刀ならば間違えば生命を落して了（しま）うことになる。

(ロ) 国語教育と他の学問との関係

国語教育は、云うまでもなく一切の他の学問の根底である。国語教育を軽んじていては、一切の学問は正当に発達するわけにはゆかない。国語の知識が薄弱であっては、他の学問も本当に理会することが出来ぬからである。従って、国家のあらゆる学問は、先ず国語から始まってくる。明治年代の私共が中学生の頃には、教科書は殆どすべて英語のもので、英語で書いてないものは、漢文の教科書だけ位であるという時代があった。国語で書いた教科書などは全然問題になっていなかった。あんなことをしていて、よく日本は亡びなかった事だと思うが、とにかく、それ程までに、日本人が日本語を軽蔑していた。これでは日本の学問が正しく発展して行くわけがない。国語を抜きにして、他に教育があろうと考えたことが抑も大間違いであった。その理由に就いては、今まで論じて来たところによって明らかである。

(ハ) 国語教育の実際

この辺で私は小学校の国語教育の実際に就いて少し意見を述べてみたい。前以て申し上げて置きたいことは、私もかつては小学校教師としての経験を持つもので、私がこれから云おうとする小学教育の無能振りに就いては、誰よりも私自身が前科者の一人であり、共に責任を問わるべき者の一人である。従って、私はかなり酷いことを申し上げるかも知れぬが、それ等は一切私が自らに加える鞭であると思って戴きたい。私が責められているのだと考えて下されば、聞いておられる諸君のお腹も立ちますまい。

私なども教えた経験があるが、小学校の生徒が、先ず尋常一年に上って、一、二時間を費して教えて貰うものは何かと云うとハタ、タコの二語である。何の意味があり、また何の目的を以て、この二語を最初に教えるかはわけがわからない。勿論、彼等は小学校へ上らないうちに、既に相当の日本語を知っており、学校へゆかなくとも日本語は喋れるのである。それをまるで唖に言葉を教える様に、ハタ、タコを何時間もかかって教えている。成城学園がずっと前に調べた児童語彙の統計を見ると、小学校の一年生が、学校への入り立てに持っている語の数は平均四千語である。それだけ知っていればこそ先生の云うこともわかり、自分達の思っていることも先生に云えるので、初めから何もわからないものが、学校へ行っても、それこそ、唖みたいなものである。最近、岡山の師範学校での調査によると、小学一年生の話す語は平均三一三二語、聞き分ける語は平均五千何語という数を出している。とにかく、この平均四千何語も知っているという児童に対して、一時間も二時間もかかってハタ、タコを教え込んでいた。小学校でハタ、タコを教えたから、始めて児童がハタ、タコを覚えると思ったら大変な間違いである。そんな教育ならば、やらぬ方が宜しい。そういうように人間というものを知らぬ教え方は、なるたけ人間を馬鹿にしようと努力している様なものである。この児童語彙の数を、他のものに比較してみると、『土佐日記』は九七五、『万葉集』三巻までは二一七〇語、全巻を通じては、地名人名を除いて約五五八一という数になる。『芭蕉七部集』は約五千。してみると『土佐日記』ならば四五冊も違った文を書ける語彙を持っており、少し助けてやれば『万葉集』二十巻書ける語彙は持っていることになる。『七部集』などは芭蕉一人の語彙ではないのだから、芭蕉一人とすれば、もっと少くなる。そうすれば子供でも『七部集』の一冊や二冊は書けるということになる。バイブルなどは五六四二語だから、これに比ぶればキリストも余り驚くにも当らない様だ。ともかくも、これが小学校の一年生である。ただ彼等はそれを十分に操縦する事を知らないだけのことで、材料は豊富に持っている。それを少しも活用しようとしないで、一時間に教えるものが、ハタ、タコの二語である。何の為にこれを最初に教える必要があるか、字を教えるのであれば、初めから五十音図を出して、一向差支えはないのである。これと大同小異の考えを以て六年間教育してゆくのだから、日本の教育は恐ろしいものだと云うの外はない。小学校の教育は、六年間に果して何を加え得たであろうか。児童は六年間も学校に通って、何を自らに得るところがあったか。これは少し激語にすぎるけれども、実際そう云われても仕方がない様な教育を、現に日本でやっている。こんなことでは、日本の将来は誠に心細いのである。

(三) 行いの教育

私は国語教育は行いの教育即ち鍛錬の道であると信じている。方法としては各自の持っている語の深さと広さとを自覚せしめそうして正しさを指導する。それを行いの教育として行うのである。単に、国語はこういうものだと云って聞かせるだけでは何の効果もない。彼等に直接実行させ、鍛錬して自分のものにして了(しま)うというところまでゆかせなければ、国語教育の意味はないのである。国語には自ら、その根幹たる語彙について見れば、その各語にそれぞれ国語の精神の宿るところがある。児童の語彙は各自に違っており、またそうした国語の中心となる語とは離れた雑多なものを持っているから、それに近づけゆくことが必要である。そうして古今を貫いたところの国民的語彙の牙城を徹底的に築かせる。これが小学校教育の本質である。これには是非とも、行いの教育を以て望まなければ徹底し難い。彼等は多すぎる程の語を持って困っているのだから、それを活潑に利用してぐんぐんと鍛錬させるのである。それにはどうするか。一つには国語を愛することを教える。国民である以上は国語を愛するということは誰でも云うが、愛するとはどうすることかと云えば、答えの出来ぬ人が多い。愛するとは国語の純粋性が犯されることを悲しむ精神である。それと共に国語の純粋性のそこなわれるのを惜しむ精神である。愛とは「おしむ」ことである。仮名一字でも、棒一本でも乱雑には書くまい。音一つでもいい加減な発音はすまいと惜しむ精神である。これがなくては、どこに国語を愛すると云えるであろうか。つまり、一面には国語の純粋性を保護してゆく精神であり、一面には国語の乱されるのを悲しむ精神である。かりにも国語の仮名遣いを改めてみようなどと考える実利主義、便宜主義の俗論者には、この精神が一つもないのである。

更には国語を敬う精神を養うことである。即ち、国語はわれわれの祖先伝来の、思想的の精神的の宝庫であるということを自覚して、それの尊厳を認め、軽侮を防ぐ精神である。仮名一字でも間違えたら冷汗をかくという程でなければ、尊敬の精神を持っているとは云われない。外国語の綴りなどは一字違っても大騒ぎをする程でありながら、国語の仮名遣いに至っては、一字位どうでもいいではないか、読めればいいではないかという風である。そういう輩（やから）は国語を愛せぬのみか、敬わぬものである。国語を愛しも敬いもせぬ様な者が、一国文教の事に携っているということはどういうことを意味するか。七、八年前には、そういう不遜な言辞を雑誌に公けに発表したりした大学教授や小学校長や訓導があったが、これらの徒輩が、国語を今日の如き危機にまで陥らしめているのである。御存知の様に仏蘭西（フランス）などでは、国語の統制ということが殆ど国是の一つにまでなっている。公文書などは、一字違っていても、これは仏蘭西語ではないから受け取れぬと云って突き返すそうである。出来るなら日本にもこれだけの厳格さが欲しいものである。仮名遣いの間違いは勿論のこと、棒一本足りなくても、これは日本の文章ではないからと云ってやり直させる程にしなければ、正しい国語教育は徹底しないと思う。

　これは昔の連歌宗匠の語であるが、ある人が「鍋洗ふ前に蛍が二つ三つ」という句を作ってみせたところが、この蛍は死んでいる。「鍋洗ふ前を」としなければ、生きた蛍の飛び交うている状景にはならぬと云われたと云う。これを以てみても、違いはたった一字である。一字の相違によって、蛍が死ぬか生きるかと云うのだから、これ程の大きな問題はあるまい。正確に使わねばならぬのは、必ずしも仮名遣いばかりではないのである。

更にもう一つ付け加うれば、国語の正しい理会ということである。正しい理会は、何よりも伝統を重んずることである。歴史的社会的客観性に基づかなければ、語の本当の意味はわからない。伝統を無視しては正しい理会は得られない。従って伝統に従うことが正しい理会を得る道であり、それがまた、真の愛、真の尊重を行う道でもある。仮名遣いが面倒だなどと云う人は、先程のロシア人の書いた、建国大学の作文をみて貰えば直ぐ自分の誤りがわかる。片仮名と平仮名しか知らぬものが、僅か半年の教育で、あれだけの作文が書けるのである。これが日本人に出来ぬと云う理窟はない。正しい理会を一々の語について間違いなく得られることの出来るのは、学問の力である。そこに行いの教育の重要なる点が存している。

（ホ）作文の実際

実際問題としては、それではどうするかと云えば、例えば作文である。今の作文なるものは、生徒に書かせたものを、先生が丁寧に文字や言葉使いを直したりして点をつけて返しているが、返して貰った者は、点さえ見ればいいので、中の直してある箇所などは見ない。ましてや、それによって反省して、今度からは間違わぬ様にしようなどと心掛けるものは殆ど一人もいないのである。先生は自分の勉強の時間を割いてまで、或いは神経衰弱になる程の努力をして、生徒の書いたものを直している。そうして結果はまるで無駄になっている。生徒の為には何にもなっていない。だから、そんな教育なら生徒を馬鹿にしようとしているのも同じだと云われても仕方がないのである。こういうと、或る先生の如きは、それはわかっているけれども、そうするより他に方法がない。直してやらぬというわけにはゆかないし、などと云った人がある。そんなことだから、日本の教育は何時まで経っても進まない。直さぬよりは直した方がよいかも知れぬが、直して効果が上って来ないならば、直さぬと同じである。直しただけの時間がむだに費されている。若しもこれでは効果が上らぬと思ったら、何とか効果の上る様にいくらでも考えられると思う。例えば何か題を出して作らせる様な場合には、皆に一枚ずつ書かせないで、指名しては黒板に少しずつ書かせてみる。書かせたことに対して、違った意見を持っているものには立って云わせる。そうして、どうしてそう思うかという理由をはっきり云わせるのである。字の間違いや言い廻しの変なところは、先生が皆の見ている前で直すなり、また生徒に直させてもよい。或いは予め家で書かせて来たものを、誰か一人の分を黒板に書いて、各自に批判させるという風にしても面白い。批判する以上はしっかりした理由のあることを云わせて、それが違っていれば先生が正してやる。そうしてその場その場で、こうでなければいかぬということは、はっきりと覚え込ませてしまうのである。そんな風にして二時間か三時間やってゆけば、彼等は云いたくてむずむずしている様な語を五千近くも持っているのだから、作文などは、書いて書いて先生の方でこれを処置するのに困る程になってくる。結局作文の興味を覚えさせると共に、国語の正しい教育が出来るということになる。必ずしもこの方法ばかりではない。考えれば、方法などはいくらでも出て来るものである。私が行いの教育でなければならぬというのはそれである。

（へ）　或る一例

小学校とは少し話は違うが、私には、こういう経験もある。これは行いの教育の例の一つとして御話しする。大学で私に三年間国語学の講義を聞いてくれた卒業生が、卒業してから、連歌を習いたいから教えてくれと云って来た。連歌などは、面倒くさくって、君には出来ない、途中で嫌になるに決っているから、よした方がいいと云うと、いやどうしてもやりたいと云うので、それではと云って、一月に二三回ずつ私の家へやって来て習うことになった。御存知の様に連歌には一々の語に本意というものが付き纏っていて、その本意によらなければ本当の理会は出来ない。春雨と云えば、春雨の感じが同時に出て来る。若し春雨に就いて何の感興も持たないなら、初めから春雨だなどと云わない方が宜しい。春雨と云った以上は、もう春雨を感じている。それが降ると云っても、降らないと云っても、春雨を感じていることは確かで、丸っきり感じぬものならば春雨と云い出すわけはない。こういうことが連歌では非常に喧しいのである。その卒業生はこれには少からず参ったらしい。そうして頻りに理窟を云うのである。また譬えば、「月よみの」などと云い出すから、何故「月よみ」と云ったかと云うと、月の代りですと云う。ただ月の云いかえにすぎないならば、それは「月よみ」ということの本意に適わない。「月よみ」と云えば神様のことだから、神が何をなさるのか、神に何か願うのか、何かそう云ったものでなければ、月の代りに「月よみ」を持って来ても何の役にも立たぬと云うと、そんな難しい事を一々云っていては何も作れぬと云う。作れなければ止めなさい。初めから云ってある通りである。とにかく連歌には連歌の伝統というものがある。それを無視して、君一人だけが勝手に作っても、それは連歌でも何でもない。そうした伝統――その語の本意を認識しないで、勝手なことを云っても、それは問題にならぬ。連歌は形式から云っても、たった十七字である。貧乏人が物を買うのに、一銭無駄費いをしても生活に影響する様に、たった一字だからと云って無駄にする事は出来ぬ。十七字の一つ一つを有効に使って、最大の効果を挙げるところに創作の意味がある、という風に私は一歩だって仮借しなかった。そうして半年ばかりというものは、殆ど喧嘩の様にしながら、それでもその人は何とかついて来て、出来る様になって行ったのである。一年も経ってから、その人が云うには、先生には三年間も国語学の講義を聴いたけれども、連歌を半年やって貫った事の方が、どの位、為になっているか知れない。国語学の力でも、半年連歌で苛(いじ)められた方が大きい力がついていると云う。これには私の方が愕(おどろ)いてしまった。その男に、三年間国語学を教育したものは私である。それが半年の連歌の練習よりは効果がなかったと云われて、それでは三年間私は何を教えたのかと云うことになる。だから、私が現代の教育に就いて酷いことを云うのは、前科者である私に責を問うているので、決して諸君ばかり責めているのでないことは御わかりだと思う。それはともかくとして、この半年の行いの教育が、その男に、大きい効果を齎した事だけは事実である。

私のお話も、この辺で切り上げることにするが、作文の教育などは、私の今いう通りの方法でやっているところが、宮城県下の或る女学校にある。そうして着々成果を挙げているという報告を得ている。また先年紀州の方に行った時の話であるが、近頃学校の先生達の用事が多くなり、反対に費用は段々減ぜられて困っているというような語であったので私はいやその方が宜しいと申したのであった。設備がなければ教育出来ないと云う様では情ない。初学年に算術を教えるのに計数器と云うものを使わねば、計算が教えられぬ様では、教育も堕落していると云わねばならない。庭へ出れば、石塊は幾つでも落ちている。山へゆけば、木の葉は何枚でも散っている。それらを利用すれば直ちに計数器になるのである。計数器などいう、そんなものを使うから、子供は家へ帰って、機械がないから算術の練習も出来ぬなど云う結果になるのである。

こんな風に私が色々な事を云って歩くと、それならどうしたら宜しいかなどと方法を聞く先生がいる。人に聞かなければ、方法のわからぬ様な先生は、辞めた方がよい。教育には、方法と云う様な型に嵌ったものがある筈はない。一切が材料であり、あらゆる事が方法である。融通自在に人に応じ、時に応じ、場合に応じて、活潑に動いてゆくのが教育の方法である。方法の無数にあることは丁度、井戸水を替える様なものである。井戸水を汲み上げて了う(しま)と、また何時(いつ)の間にか新しい水が湧いている。だから、とにかく積極的に汲んでみなければ話にならない。汲もうか汲むまいかと手を拱(こまね)いて見ているだけでは、何時(いつ)まで経っても少しの進歩もしないのである。

（夏季講座講義要旨）

——『國學院雜誌』第四十六巻第一号（昭和十五年一月一日発行）
昭和十四年八月國學院講習会にての講演の筆記によれるもの

国語とその教育

国語の教育は今更論ずるまでも無いことのようである。しかしながら今まで学校で行われて来た国語の教育には賛成し得ない点があり、またこの国語の教育は外人に日本語を教うることとは頗る違う点がある筈であるのに、これを同様に思って来たようである。それ故にここにそれらについて鄙見を述べて見ようと思う。

国民が学校で国語を学ぶ場合と、外国人が日本語を学ぶ場合とは同一ではあり得ない筈である。日本語を全く知らぬ外国人に我が国語を教うるに、我々日本人が自国の学校に於て国語を教うるようなしかたで行わるべきではないということは申すまでもなく、また我々が日本人たる同胞に国語を教うるに、外国人に日本語を教うるような態度ではいけないということも申すまでもないことである。

今、国語の教育を論ずるに先だち国語というものの性質を明らかにしておく必要がある。国語というものは日本語のことである。而して、日本語とは何ぞやといえば日本人の用いる語だということは勿論である。その日本人とは何ぞやといえば、国法上、日本臣民としての国籍を有するものがすべて日本人だということは当然である。然らば、その日本国籍を有する人々の用いる語が即ち国語であり、日本語であるといわねばならぬ訳である。然るに、実地を顧みると、そう云い切ってしまうことの出来ない事実が沢山ある。それは日本臣民として国籍を有する人々の用いる言語がさまざまであるからである。北にはアイヌ語、オロッコ語等を用いている人があり、南には支那語系統の語を用いている人があり、また朝鮮語は多くの人に用いられている。これらの語を用いているそれらの人々は確かに日本臣民である。それ故に日本国民の用いている語がすべて国語であると簡単にいうことは出来ない。そこで我々のいうところの国語また日本語というものの実体如何ということが先ず問題になる。今、我々が国語また日本語と認めているものは大日本帝国の中堅たる大和民族が思想の発表及び理解の要具として古来使用し来り、現に使用しつつあり、将来もこれによって進むべき、その言語をいうのである。この国語は大和民族の間に発達して大日本帝国の国民の通用語となっているものであって、国家の統治上、公式の語と立て、教育上の標準と立てて用いている語である。私はこれを極めて厳粛なる意味に於て大日本帝国の標準語であるという。

国語というには厳粛な意味のあることは上にいうところで明らかである。およそあらゆる事物にはその同類のもの一般に共通する通有性とその事物自体に固有する限定性とが同時に具有せらるることはいうまでもないので、通有性と限定性を同時に具え有することがあらゆる事物の実際の姿なのであるが、この事は国語に於ても明らかである。即ち国語というものは言語であるからして言語一般の通有性を持っているのは当然であるが、それと共に国家の標準語であるという厳粛な限定性、国民の古今にわたる通用語であるという歴史的社会的の限定性がある。この我が国家及び国民という限定性があってはじめて、国語という具体的のものが考えらるるわけである。

言語そのものの通有性は一々これを説く遑（いとま）を持たぬが、簡単にその要点をとっていわば、先ず言語の内面には人間の思想が充たされているものだということがある。その人間の思想というものは千状万態極りないものであるが、それらがすべて、一々別々な言語として表現せらるるものであるかというに決してさようなことではなくて言語にはそれぞれ限度が有って、無量、無限に存するものではない。我々は平素は自分の知っている言語で思想を表現して遺憾ないように思っているけれど、特別に或る情感なり、或る事件なりを表現しようとすると、うまくそれにあてはまる語が何としても見つからぬということを時々経験する。詩歌の創作などに当ってはこの感が特にしばしばあらわるるのである。

かくの如く、言語が無量無限にあり得ないという事は言語そのものの不備の如くに或いは誤解せらるるかも知れないが、それは不備でも何でもなく、言語というものは客観性を有するものであるということに原因するのである。言語に客観性が有るということはどういう事かというに、仮りにここに或る事物があるとすると、甲が自分で或る言語の形を与えてこれを表現したとする。その時に誰が聞いてもその事物とその言語とが合致するものと認むるという事であれば、それは言語として世間に通用するけれども、そうで無ければ、それは世間に於て言語として認めないのである。言語に客観性があるということは世間一般が一定の理解を以て受け納れなければ、言語とは認められぬという意味である。而してこれは他の一定の理解というものが無ければ、言語としての資格がないという意味にもなる。かくの如く世間一般に一定の理解を以て受け納れらるるという約束が必然的に存在しないならば、言語そのものの人間社会に存在する必然性が無くなってしまうであろう。言語というものは一面からみれば個人の思想発表に相違ないけれども、それが言語として認めらるるのはその人の生活する社会の共通の認識に基づくものである。我々が言語を用いるその目的は自己の述ぶるところの思想をば、自己の認識したると同様に他人の理解せんことを求むるにある。かくして他人が、その言語によりてその人の思想を理解する時にはじめて言語はその効力を発揮するのである。かくの如く言語により他人の理解の生ずる基は社会共通の認識にあるのである。かくの如く言語に客観性があるということは言語が社会的産物であるということに基づくのである。かような次第であるから、その言語を用いる者が勝手に言語の形なり意味なりを変更することは出来ないものであり、また勝手に新しい語を造っても社会が公認しなければ何にもならずに終るものであろう。

かように言語の客観性社会性ということに着眼して来ると、我々の用いる語の数に限りがあるということの理由も明らかになって来るであろう。我々が創作等に当って、或る事物をばいろいろに言ってみたいと思うことがあって、新たに語を作ってみても、それを世間がその通りに理解してくれない時には何とも致し方もないのであるから、既に行われている言語を用いて、その情感なり事物なりをうまく表現しようと苦心する。かような時には往々現在の国語のもの足りなさを感ずることは誰しもしばしば経験することであるが、そうかと言ってその国語をば貧弱だなどと云ってしまうのは一を知って未だ二を知らぬものである。人間の主観はいくらでも変化出没するものである。その個々の主観のままに言語を作ったら無数の語を生じて、他人が一々それを知らねばならぬということになれば、始末に了えぬことになるであろう。言語というものは或る意味から見れば通貨のようなものである。僅かの種類の通貨で種々雑多の勘定が出来るところに通貨の有難みがあるように、限られた一定の言語で、種々のいい廻しの出来るところに、妙味があるのである。かくの如く言語にはそれぞれ一定の限度というものがあるのであるが、その限度というものは無意味に生じたものではなくして、これがその国語の客観性の具体的のあらわれなのである。即ち、或る国語の数とか、またそのいいあらわし方というものはその民族なり国民なりの思想及び理解の方式として、一般的に公認せられたものの具体化したものであるといい得るのであり、反面にはその方式または方法以外にはその国民なり、民族なりの思想発表の方法、理解の手段は存在しないということを示しているものであるともいいうるであろう。かように考えてくると、言語は明らかに客観性を有して、社会的民族的のものである事がわかると共に、或る国語はその国民の思想の客観的に具体化してあらわれた外相だとも考えらるるのである。

上述のように言語は勝手に変更したり創作したりすることの出来ないものだとすれば、言語の変遷というようなこと、また往々新しい言語が出来るというようなことはどうした訳かという問題が起るであろう。言語はまことに勝手に変更したり作ったりすることの出来ないものではあるが、しかしながら従来の語ではどうしても現わし得ない事物が生じて来ると、社会が必要を感じて新たに詞(ことば)をつくる。それは個人がつくったもののように見えても実は社会がこれを作らしむるのである。その事は新たに人間の子が生れた時にその名をつけなくてはならぬという事実をよく観察して見ればわかるであろう。人間の子が生れたという新たな事実が起るとすると、これには名を与えねばならぬ。その名は親が命ずるのであるけれど、これはただ親が個人的の物ずきで命ずるのでは無い。若(も)し、その子に名が無かったら、国家も世間も統制がつかなくなる。そこで国家はその親にその子の名を一定の期間に命ずることを要求する。その子の名はこれ即ち新たな語の創作である。これを以て新たな詞の生ずることの一例を見るべきである。さて、その新たな詞のつくり方については今委(くわ)しく述ぶる遑(いとま)を持たない。とにかくに必要な場合にいろいろの方法で新たな語をつくり試みる。それらのうちで社会一般の公認を経て来ると、それが通用語となるのである。それは社会一般に公認せらるると云っても、法律の公布のようなものではなくて習慣的にいつしか公認した形になるのである。かようにして語の形態なり、意義なりがいつしかかわり、また新たな語も往々生ずるのである。かくの如きを一口にいえば、歴史の結果ということが出来よう。かような点は言語には歴史性があるということの一端であるが、この歴史性もまたいわゆる客観性の内容をなすものである。言語の客観性というもうちにも上に述べた社会性、歴史性というものが主なる要素をなすものである。以上は言語の一般性につき考察を試みた要点である。

ここに国語ということについて考うるに、それの限定性が国家という点、国民という点にあることはいうまでも無いが、今、ここでは一般に国語といわるるものの性質を論じているのでは無くして、大日本帝国の国語という具体的のものを考察しているのである。日本の国語というものに就いては言語の一般通有性の上に、大日本帝国の語、また大和民族の語であるということが限定性として加えられねばならぬ。この限定性は上に抽象的に述べた客観性そのものの具体的発現である。その客観性は社会性歴史性のものであることはいうまでもないから、国語そのものはこの大和民族の通用語であるという限定性、大日本帝国の標準語であるという限定性を常に考えねばならぬものであって、我が国家、我が民族を離れてはその客観性、その固有性を失うものであることは勿論、我が国の歴史、我が民族の生活を離れてしまったら、国語の本質というものはなくなってしまうであろう。

国語というものの一般的の説明は大略右の如きものであるが、なおここに文語といい、古語といわるるもの、また口語といい、方言といわるるものについて一言を加えねばならぬ。従来の国語学者は現代の口語のみが、実際の国語であって、文語や古語は顧みる必要がないというようなことをいい、その末流の人々にはそれが信ぜられて来たようである。ここに先ずその古語というものについて正しい説明を与えておく必要があると思う。若(も)し、古語という意味を古代から用いられている語という意味だとすると、我が国語の純なるもの即ち外来語とか後世生じた語とかいわれていない語は殆ど皆古語と云ってもよいのである。開闢以来革命というものがなくて、万世に亘って変ることの無い我が国家、我が民族にあっては国語の根本的の変革というものが一度も行われないから、我々の日常使用する純正なる国語というものはこの国とそのはじめを一にしていると信ぜらるるものである。それ故に、それらの語は古語にして同時に現代語なのである。而(しか)して、これらは普通に古語というものではないのである。

普通に古語というのは、古代に通用したが、現代には通用しない語という意味なのであろう。それらは如何にも現代語とはいわれぬであろうが、国語でないとはいわれないであろう。それらはたとい、現代に用いられなくても我々の祖先が用いたことは確実である。若し、我々の祖先が用いたという事実がないならば古語と認むる事もない筈である。要するに国語というものは、その内容として古語をも有することは明らかである。ここにこの古語ということについて更に深く考えて見るに、我々が或る語を古語であるという場合に、その語が現代の我々と全然没交渉のものであろうか。我々がそれを古語であるということをどうして知り得るのであるかというと、それは現に存する古代からの文献によって知り得るのだということは明らかである。古代にはあったけれども、それを記載した文献が全然滅びてしまったという場合にはそれによって伝わるべき筈の語というものは全く想像することも出来ないであろう。かように考えて来ると、我々の古語に関する知識というものは現代の生きた知識であって、それが現代の精神生活と無関係のものだということは出来ないものである。ただ、それが現代の日常生活の用に直ちに供せられぬという点だけがいわゆる現代語と違うのである。しかしながら言語の歴史性ということを考えて来ると、現代使用している語の本義を知ろうとするには、その歴史に溯らねばならぬということは明らかであって、ここにその古語が甚だ重要なものとなる。更にまた文化と言語との関係を考えて来ると、古語というものの重要さが更によく認められる。文化というものは言語文字と非常に深い関係が有って、言語文字の助け無くしては高等の文化は展開し難いであろう。さてまた現代のこの文化を後世に伝えようとすると、それは必ず言語文字の媒介によらねばならぬことは明白であるがそれに基づいて、逆に考えてみても上代の文化を今日に伝えて来たのは主として言語文字の力であることは争われない事である。かように考えて来ると、古語というものは一国文化の開展に関して絶大なる重要性を有するもので、一国文化の大なる宝庫たる文献を正当に理解しうることは、古語の正しい認識に基づかねばならぬことは明らかである。古語を無視することは畢竟一国の文化を無視すると同じ事になるのである。

次に現代普通に用いる国語ということについて考えて見ると、これまた種々の方面から観察せられていろいろに考えられる。およそ国語という名称はその国家の領土に行われ、その国民のすべてが使用する言語を指して名づけたものであることは論ずるまでもないが、事実上から見れば、なかなか簡単にはいわれぬ。言語というものは人の年齢の差により、また男女の別により、職業により、社会により、地方により、それぞれその用いる語を多少異にすることのあるものであるが、それ等はそれぞれの限られた部分に通用しつつ、他の部分には通用しないもの、若しくは他の部のものの用いるに適しないものがある。女の用いる語が男には用いることが出来ず、幼児の用いる語が壮年の人に用いることの出来ぬというような事実を考えてもこの事は明らかであろう。かくの如く国民の一部分にのみ通用する語が一方に存すると共に国民全般に通用する語もある。かような事実があるによって、現代の語ということに限ってみても、それは実際上、その如何なるものをさすかという問題を生ずる。或る学者は方言の外に国語はないと云った。これは国民たる各個人の外に国民はないというのに似ている。国民の各個人は時の移るに随って次第に亡び行くことは実際のことであるからして現在の国民の一億の各個人は今から百年もすれば、幾人も生き残るまい。然らば百年の後には日本国民は死に亡せてしまうというべきであろうか。しかしながら如何なる人もかようの事は信じないであろう。この意見は最初に既に重大な誤謬を犯しているのである。これは国民という全体観による統括的存在とその成分たる各個人とを区別し得ない思想的混乱が基をなしているのである。国語と方言との関係もこれに似た点があって、個々の方言以外に国語がないというのは個々の日本人の外に日本人なしというに同じい誤謬を犯しているのである。国語という名称は元来統一的の意識を以て名づけられた名目であり、方言という名称は分化するものとして名づけられた名目である。国語というものは我が民族の間に行われて来た言語の統括的実在であり、方言というものは、その差別相を主として個々を観た場合の部分的実在である。若しその差別相のみに立脚して極端に論ずれば、一億の国民すべて皆多少その言語を異にして一つも同じものが無いと云うことも出来るであろう。方言というものは地域の差別に基づいて現われた国語の差別相を観た場合の名目であって、その方言という意識の基底には国語そのものの本質は時と処とによってかわらぬものだという大前提があることはいうまでも無い。若しこの大前提が無ければ、方言という語は無意味のものである。方言以外に国語がないという人はこの大前提の存することを知らず、方言という語の意義自体を忘れているのであろう。

　方言というものは既に述べた通り、国語の地方的区別によりての分化ということに根本をおくのであるが、国語の分化は地方的生活に基づいてだけ行わるるものではなくして、人間の生活の諸種の場合にそれらがそれぞれ一団をなして生活する、その当事者の間に共通する思想に基づいてその社会の通用語として一種の語の生ずることは方言と大体異なる点がないであろう。ただそれらと方言と異なる点は方言は地域に基づいて生ずるものであるのに、これは地域に基づかずして交際社会のうちに発生するものであるということである。さて、かくの如き方言、または方言的性質を有する部分社会の語から一般語に移り行く語もまた存することは古今に通ずる現象である。

さてその一般語の方面に於ても口語と文語との区別が存する。口語は文字のままにいわば、口頭の語という意味に聞こゆるが、必ずしも単純にそうはいわれない。普通の考え方では口語は文語に対していう名目であって、専(もっぱ)ら談話に用いる語と、専ら文書に用いる語とに差異のある時に、その専ら談話に用いる語をば口語といい、専ら文書に用いる語をば文語というのだとしている。或いはまた文語と口語との区別は普通には声音のみを用いていう場合と文字を用いる場合との差違に基づくものと見られている。これらの意見は必ずしも不当とはいわれないであろう。しかしながら、それらの点だけにこの二者の差異が存するものでないということを忘れてはならぬ。この二者の区別は蓋(けだ)し、もっと深い奥に存するものと思われる。今、ここに口語とは如何なるものであるかということを考うるときに種々の疑問が生ずる。口頭の語が即ち口語だとすると、演説、講演、講義の如きもののもまた口語というべきもののようである。然るに、それら演説、講演、講義などは日常家庭や店頭などでとりかわす談話などとは頗る違っているもので、それらと日常の談話とを口頭でいう語だからとして同一の口語だとすることは頗る躊躇せしめらるる点がある。これら演説、講演、講義などに用いる語彙は談話に用いるものとは頗る内容を異にして、文語と大差ないものである。文語といい口語という両者の別のある事は実際上明らかではあるが、それらの差を口頭のみの語と文字にて書く語との差違とか、談話に用いると文書に用いるとの差違とかを以て説こうとするとどうしても割り切れぬものがある。言語というものが、人間の生活の上に要用なものとする時に、その人間の生活そのものを顧みて、これらの区別の存する所以を考うる必要がある。およそ如何なる社会にでも人間の生活に私的生活と公的生活との区別のないことは有るまい。その公私の生活の差別はおのずから用いる言語の上にもあらわるることは自然のことである。彼の小児語の如きは私生活にのみ行わるる語の最も著しいものであり、婦人間に専用せらるる語の如きもまたその一種である。さて、その公的生活の上にあらわるる語は国家並びに社会全般の統制、規律を維持し行くべきなどのために、感情の上には、厳粛なるべきことを要求するが如くに、用語の上にも規律正しく厳重なることを主要とするであろう。この故に、儀礼的の語を用い、発音も語格も便宜に流るるが如きことを避けて、つとめて威厳を保とうとするのは自然の事である。我が国に於ける口語と文語との分岐点はまさにここに存するのであろう。それ故に、一切を口頭の語だけで行った我が太古の時代にあっても家庭的私生活的の語と儀礼的公生活的の語とはおのずから区別の存したものだったということは疑うべからざるものであろう。それ故に、我等の古典と仰ぐ『古事記』、『日本書紀』等に用いた語の如きものはその詳細は今日より論じ分けることは出来ないけれども、その本質上大体公的の語であったことは争うべきではあるまい。また『続日本紀』の宣明、延喜式の祝詞(のりと)の如きは最もすぐれた公的の語の標本というべきものであろう。さて文字が公私の用に供せられはじめてより自然に口頭の語と文書の語との間に差異を生ずるに至るべきことは声音と文字との本質上の差異に基づいて考えらるべきものであるが、それとても当初の差異は甚だしいものではなかったであろう。しかしながら、公的には文書を専(もっぱ)ら用いらるることになり、次第に変遷して、文字と声音との差異と公的語と私的語との差異とが相絡み合うて、今日の文語と口語との差異を生ずるに至ったものであろう。以上述ぶるようなことであるから、文語と口語とに関して明治時代の国語学者の論じたところには首肯すべからざる点が少からず存する。かの現代の口語だけが、実際の国語であるから、文語などは重きをおくに足らぬというような意見は国家統治の上から見ても、許すべからざるものである。かような意見は上に述べた文語と口語との性質上の差別を知らず、また公的言語と私的言語との区別が、この差別の間に絡み合うているものだということを知らないのみならず、他の一面から見れば、野蛮人の言語を標準とした謬見であって、文化という重大な事実を無視し、文化を有する国民を侮辱したものである。かくして、この意見は公的の語を否認しようとすることになるのであるが、我が国にあっては文語は国家公式の語として特に尊重せねばならぬ事は事実上明白である。これを否認したならば、その結果はどういう事を生ずるであろうか。静夜徐ろに三省すべきことであろう。

要するに国語は我々国民の遠い祖先から継承して来た精神的文化的の遺産である。後世の子孫に伝わっている遠い祖先の血が遠祖の持っていたのと同じ興奮と感激とを後世の子孫の心に湧き立たせるが如くに、国語は横には現在の国民の心を結合して一つとなす力を有すると同時に、縦には時の古今を貫いて遠祖よりの心と現代の国民の心とを一つにする力を有するものである。されば、一面より見れば、国語は国民の精神的文化的の共通的遺産の宝庫ともいうべく、また過去の伝統を現在より将来に伝うる殆ど唯一の機関であるともいうべきもののように見ゆるが、しかしながら、かくの如く、宝庫とか機関とかいうのは未だその真実性に徹した考察とはいい難い。国語は実に国家の精神が宿っているところであると共に、我が国民思想の具体化したものであるといわねばならぬ。かような点から考うれば、現代の口語のみならず、文語はもとより遠き祖先より伝え来たところの古典に存する古語が一層尊いものであることは明らかである。

ここに国語の教育に就いて述べようと思うが、その前に、教育そのものに就いて一言しておく必要があると思う。およそ教育というものはただ一個人に就いてのみ考うれば、その人間を人間たらしむるがために施すもののようであるが、それは単に個人として必要なものなのではなく、国家の永遠の生命のために必要欠くべからざるものなのである。およそ、国家が維持せられて行くのには二つの要点がある。一つは現代の国民の努力であり、一つは次代の国民の教育である。現代の国民の努力は誠に国家を維持する原動力であるけれども、その現代の国民の各個人はいずれは死滅する時がある。そこで、次代の国民をして現代の国民の努力を受け継ぎ更に国家を発展せしめて行くことの出来るように教育することが必要になって来るのであるが、この教育というものが絶えず活潑に行われつつ進むことが国家永遠の大計として欠くべからざる事なのである。さて、ここにその教育が当面の問題として、何をなすべきかというに、それには三つの要点があると思う。その一つは文化を継承することである。古から今まで伝わって来た文化は、教育によらなければ次の時代に伝わっては行かないものである。も一つの要点は国民たる資格の継承である。国民は生れたならば、直ちに国民として法規上の資格を有するけれども、国民たる資格の実質は教育によらねば充実することは出来ない。更にも一つの要点は、その国民の個人としての智能徳操の開発修練である。かように三つに分けて考うるものの、これらは別々のものではなく、三者合して教育という一つのことになるのである。文化の継承がなければ、国家の維持は覚束ないし、仮りに文化が伝わっても、国民が国民としての資格を有しなければ国は亡ぶるであろうし、個々の人の智能徳性が十分に発達しなければ、文化の継承も、国民たる資格も具えられぬものである。

今、教育と国語との関係を見るに、二重の関係があると思わるる。その一つは国語が国民教育の方法的基礎であること、これは国民教育は国語をその手段として行わるるということをさす。即ち教師は国語を用いて教育を行い、生徒は国語によって教師から教育を受けているのであるから、国語を知っているということは国民教育を受くるものの資格として根本的に必要な事柄である。若し教師が国語を知らぬとしたならば、国民教育は一つも行われないことは明白である。若しまた生徒が国語を知らぬならば、国民教育は少しも受けられないことも明白である。即ち国民教育というものは国語によって行わるるものであるから、国語が国民教育の方法的基礎として一切の教師は皆国語に精通していなければならず、生徒はまた教師の用いる国語を十分に理解することが出来ていねばならぬ。これは甚だ卑近な事のようであるが、従来の国民教育はこの基礎的の事実が甚だ重大なことであるのを忘れていたもののように思われる。

以上は、国語が国民教育の方便として必要なことを説いたのであるが、他の一つは国語が国民教育の目的であるという点である。教育の一つの要点は文化の継承にあり、他の要点は国民たる自覚を促してこの資格を継承せしむるにあることは先に述べた通りであるが、国語は国民の精神的文化的の遺産であり、国家の精神の宿っているところであると共に我が国民思想の具体化したものであるが故に、この国語が国民教育の目的として甚だ重要なものであることはいうまでも無い。それから教育の他の一つの要点たる個人の智能徳操の開発修練ということも国語を十分に体得せねば出来ないのである。これらの諸々の点を顧みれば、教育という事業に於ては国語は重要な目的の一つであって、この方面から見れば、国語は教育の方便ではない。以上は国民教育が国語によって行わるるものであると共に国語が、国民教育の重要な目的であって、方便的のものではないということを明らかにしたのであるが、更にこれを国語教育と一般教育との関係について見るに、国語教育はすべての教育事業の根底をなすものである。それは我が国に外国の学問の起った時の事を考えて見ればすぐわかる。近世我が国に興った外国の学問の最初は蘭学であった。そうしてその蘭学というものは何を学んだかというと、最初は和蘭(オランダ)の言葉の学問であった。それが後に段々発達して、解剖生理、医術、薬剤、植物、動物、物理、化学、天文、地理というように次第に進んで、政治、法律、財政、経済、哲学という風に展開して来たのである。即ち如何なる場合でも、その国語を知らねば、その国の学問はわからぬものである。それ故に国語教育はすべての教育事業の根底をなすものであるというのである。かように考えて来ると国語教育の重要なる所以(ゆえん)はもはや明白になったと思う。

ここに国語教育の方法に就いて一言することとする。方法論としては従来の国語教育の方法は殆どすべてが誤っていたのではないか。その昔、我々が初等教育に従事していた時の事を顧みるとまことに冷汗が脇の下を沾す感がある。たとえば、尋常小学一年生の国語の教科書の第一課に「ハタ」「タコ」ということが記してあって、教師の一時間若しくは二時間を費して教えたところは僅かに「ハ、タ、コ」の三字に止まったのである。児童が学齢に達して初めて入学する場合を考えていただきたい。彼等は「ハタ」や「タコ」をかように一時間二時間を費して教えなければならぬ程の低能者であったろうか。児童が初めて入学して来る場合にハタもタコも知らぬという程度のものであるならば、先生の話はわかるまいし、先生に話すことも出来ない筈である。前にも述べた通り、児童は或る程度の国語を知っているからこそ入学して教科を受けうるのではないか。日本人はおよそ五歳になれば、この国語の操縦法は自然に大体さとってしまっている。それは文法とか語格とか云って問えば、それらの述語はもとより知らないであろうが、その事実は自然にさとっているのである。さて、またその児童の有する語彙はどれ程であるかというに、昔、成城学校で、児童が尋常一年に入学し来た時にもっていた単語の数を調べたことがあった。その多いものは五千百余、少いのは三千五百程、平均四千という言葉を知っていたのである。それから岡山県の師範学校でも同じ様な調べをしたがその結果は尋常一年で、言葉を聴きとって理解するのは五千二百余であり、自分で話す言葉の数は三千百余ということである。これらはもとより精密にはいうべきではあるまいが、大体これらの数は西洋でもほぼ同様であるという。まことにそれほどの言葉を知っていなければ先生に話も出来ず、また先生の言葉も受け納ることが出来ないであろう。而してその三千、四千の言葉というものは、ただばらばらの単語では無いので、その言葉の内容として存する知識、感情というものが体得せられてあるのみならず、それらの言葉の操縦法というものをも、多少の間違いはあるにしても身に持っているのである。私はこの入学の際に児童のもっている国語の内容そのものが国民教育の基礎となり、国語教育の基礎となるべきものであらねばならぬと考えている。然るに、従来の国語教育は何を基礎とすべきかを殆ど考えてはいなかったと思うが、これは国家の教育としてゆゆしき怠慢であったといわねばなるまい。

今、この一年生のもっている語彙を古来の名高い典籍の有する語彙に比較して来ると、その語彙の価値が判定せられよう。紀貫之の『土佐日記』に用いた語は熟語、接尾辞等を加えて九百四十に満たない。それに人名地名などを加えても九百八十には達せぬ。兼好の『徒然草』は熟語、接尾辞等を加えて語数は三千八百八十余を算する。『万葉集』二十巻を通じて見て、地名人名を除いて、約五千五百八十という数になる。また彼の芭蕉の『七部集』は俳諧道の詩経のようなもので、十二冊より成るものである。私はその全部の語を分類して一句、一語ももらさず、例としてとっているが、その語数は地名人名複合の熟語一切を網羅して七千に満たぬ。それらから地名人名また複合の語を除けば、約五千許になる。さてまた芭蕉一人の用いた語でもやはり五千許の数であろう。かように考えて見ると、今の国民学校の初等一年生をそのままにして、生長させても、その人の能力と努力との如何によって芭蕉位のことはなしうるという道理である。これらのことは我が国語だけがそうだという訳のものではなく、西洋でもほぼ同様の事情にあるのである。かくの如き能力を有しつつ入学して来た児童に対して一時間もかかってハタ、タコということを教えて、大きなことをしたと思っていた昔の教育の情なさを考うれば誠に申し訳のない事をして来たといわねばならぬ。

私はここにはただ、我が国民教育に於ける国語教育の要点を説くに止めねばならぬ。この教育はその児童が、四五千の国語の語彙を有し、而して、それらを自由につかいこなす語格をも体得しているものであるということを基礎とすべきである。この教育は国語を知らないからそれを注入してやるということをも基礎とすべきものではないのである。この教育に於て最初に考うべき点はその児童の有(も)っている国語の整理とその誤りを正すということにある。それは国語学という学問を教うるのではなくして、国語それ自体を目的とすべきものであり、而(しか)して、児童の既に有するところの語をそれぞれ基礎として、それらを再認識せしめつつそれらをかつは正しくし、かつは整理せしめつつ進み行かねばならぬ。しかし、それはまことにこの国語教育の基礎たるに止まる。かくして児童の有する語は口頭語が主体になっているから、国民教育としてはそれを正しくし整理しつつそれを基として文語に導くということが主体となるべきである。国民教育を受けたといいながら、詔勅もよめぬ、法律の条文もわからぬということがあってはならぬ道理ではなかろうか。国民教育に於て口語を教課とするのは主として既に有するところの口語を正しくし整理するところに眼目をおかねばならぬ。而(しか)して、口語としては特別に新たな語彙を教えないでも児童は自ら日に日に新たな語をとり入れて行くのであるが、それを自然のままに放任して誤った方向に迷い入らしむるが如き事があっては相済まぬことであるから、児童の自らとり入るる語についても絶えずこれを正しくしつつ鍛錬を加えて行かねばならぬ。従来、口語がこの教育の主体だと云っている者が少くないが、それは外国人に日本語を教うる時の話である。日本の学者が外国に留学して、外国の日常語に通ぜぬために、その俗語に主力を注いで学んだことを土台にして考うるが如きは国民として自己の同胞を侮辱しているものといわねばならぬ。かくの如くにして国民学校の国語教育としては先ず文字の教育に主力を打ちこまねばならぬ。口語を整理し正しつつ文字を教うるのは方便であって文字を教うることを主としつつ、それに伴ないて口語を整理し正して行くということを主眼とせねばならぬ。文字としては先ず片仮名平仮名を教うることをはじめとする。これを徹底的に覚えしむることがこの国語教育の第一歩であらねばならぬ。それからして、漸次に普通の漢字にも進むべきものであるが、どこまでも国語の学問を教うるのではなくして国語そのものを教うるのであるという根本を離れてはならぬ。かくて一般に云って見れば、国民教育に於ける国語の教育は国語そのものの教育と国語によって与えらるべき国民教育としての内容の二面が具有せられねばならぬ。而してその国語そのものの教育としての方面は単なる知識の教育ではなく、既に児童の有する語彙と語格とを基として、それを正しくし、それを深くし、それを広くするということを目的とするものであらねばならぬ。正しくするとは、歴史に基づき伝統を重んじてそれを正確に守らしむることである。深くするとは、その語の有する本意なり語感なりを根柢より領会せしむることである。広くするとはその語の用法用例を自由自在ならしむるように習得せしむることである。而して、これらはすべて、練修によりて体得せしめられねばならぬ。国民学校に於ける国語の教育は知識を与うるに止まってはならぬ。この教育はどこまでも、反復習熟して体得し自由自在に正しく深く広く操縦し得るようにならしむるところの鍛錬的行的の教育であらねばならぬ。かくの如く鍛錬せられて熟習体得せられたならば、その児童の有する語彙が初等一年生の時のまま増加することが仮りにないとしてもすぐれた国語を有する国民となることは火を睹るよりも明らかである。以上は国語そのものに主点をおいた場合に就いて論じたものであるが、次に国語によって与えらるべき国民教育としての内容は如何というに、これは国語そのものの有する精神思想即ち、国家精神の継承、国民思想の涵養ということが国語教育の負担すべき重大使命であらねばならぬことは明らかである。ここにハタ、タコの如き教課は断乎として排斥せらるるはもとより国民の伝うる多くの伝承、国家精神の涵養に資するべき多くの資料が、或いは現代の方式により、或いは古来の姿のままに教課としてあらわるべきものであり、形に於て質に於て古典を領会し得るように導くことに主力を注ぐべきものであることはもはやいうまでもないことである。

国民教育に於ける国語教育は要するに上の如きものであらねばならぬものである。然るに、従来とり来ったところの方法は誠に慨（なげ）いても余りある程の愚劣さであった。何故にかようなことが行われたのかと考うるに、これは恐らくは外国人に国語を教育する方法をそのまま模倣したものであったろう。外国人が国語を学ぶのと、国民教育に於ける国語教育とは決して同様の方法で行わるべきものでは無い。外国人は国語に対しては全く白紙の状態であって、一々の単語からはじめ、その単語の性質から一般の国語操法に至るまでを一々、根本から学び行くことは幼児が国語を覚えはじむるとやや似た点があるともいわれよう。幼児はそのはじめ未だ言語も知らず、知識も情感も発達していないから、言葉を一々覚えつつその内容を受け容れつつ進むものである。外国人が意識して日本語を学ぼうという場合には彼等は既に自国語を相応に有し、かつ、智能も発達しているのだからして日本の幼児が国語を覚えつつ進むのと同様であるべきではない。しかしながら、とにかくに国語に就いては何も知らないのだから、「ハタ」「タコ」というように、その実物からそれをいう言葉から、それを書く文字から一切を教えつつ一歩々々進まねばならぬことは明らかなのである。それ故に「ハタ」「タコ」を教うるに一時間二時間を費してもその教育は愚劣だなどというべきものではない。私の親戚のものが、米国で生れ育ったいわゆる第二世に初歩の国語を教えた話がある。それは、「まわり灯籠の絵のように」という歌を説明する場合、どうしてもその子供に理解させることが出来ぬ。思案に余って、或る百貨店につれて行き、そこに陳列してあった廻り灯籠をよく観察せしめてそれから説明してはじめて納得せしめたのであった。これは要するに、語そのものを知らぬというよりも生活そのものが根本から違っていたからである。まことに外国人が全く我が国語を知らぬものとしてこれを教うる場合に、日本の幼児が五六歳までに家庭に於て得るだけのものを教え込むにも多大の骨折(ほねおり)を要するのであるが、その方法を以て、我が国民学校に於ける国語教育を行うが如きは言語道断であるといわねばならぬ。

以上、私は概略ながら、一往自己の思ったことを述べたが、更に教師としての国語の知識につき一言しておきたい。従来往々聞くところは国語の教師はさほど学問が無くても出来るという声である。これは国語がわかるということと国語の教育を行うということとの区別に思い到らぬものである。国語の教育の任務が上来述べた通りであるからして、その教育者たるものの国語に関する学識を要することは多大なものがある。私は前の段に「骨折」という語を用いたが、この語は日本人ならば、説明を要せずに通用しているようであるが、若し外国人が一知半解に文字通りに「骨を折る」ということになったら大変な事件になるであろう。かく考うれば、日本語を外人に教うる場合には日本語に関する根本的知識を有しなければ真に教うることの出来ないものであることが明らかであろう。しかしながら、これはただ外国人に教うる場合だけの事ではない。国語を教うるものにその根本的の知識なくして何事を教え得べきであろうか。ことに国民の教育としての国語の教育に従事するものは国語に関する学識の広さと深さと同時にその見識の正しさとを極めて高い程度に体得しているということは非常に大切なことであるのはいうまでもないことである。

——日本諸学振興委員会編輯『日本諸学』創刊号（昭和十七年三月三十日発行）

◉解説

山田孝雄と国語〝改良〟論

滝浦真人

○明治の時代と「国語」

小・中・高の一二年間、毎日のように「国語」という科目に接していた記憶を持つ多くの日本人からすれば、『国語の本質』という書名は、「本質」という言葉が少々大時代的に響くにしても、母語である日本語の見落とせない特徴について説いたものというほどの印象を残すのみで、ともすればそのまま記憶をすり抜けてしまいかねない。しかし、本書は著者山田孝雄の生誕一五〇年を記念しての再刊であり、原書の刊行が昭和一八（一九四三）年であることを思えば、「国語」が帯びていた意味合いも、時間を巻き戻して考える必要があるだろう。

後で改めて見るが、山田は明治人であり（明治八年生まれ）、ほぼ前半生を過ごしたのが明治の時代だったと言える。そして、このかなり長かった時代には、日本が世界に開かれてから、ついには欧米列強の仲間入りをしようかというくらいまでの大きな変化が生じた。近代化の波がハード面のみならずソフト面にも及んでくる中で、日本の後進性のいわば象徴であり超克すべきものとして取り沙汰されることになるのが「国語」だった。後に「国語国字問題」と称されることになる、広く巻き起こされた日本語の〝改良〟をめぐる様々な主張や運動は、文字どおり明治の全体を覆っている。

その波はまず国字改良論として幕末に始まっており、前島密が、慶応二（一八六六）年、将軍・徳川慶喜に「漢字御廃止之儀」を建白（建白の事実については議論あり）、明治二（一八六九）年には政府に対し、平仮名をもって国字と定める旨の「国文教育ノ儀ニ付建議」を提出した。ローマ字国字論としては、南部義籌（よしかず）が、同じく明治二年に「修国語論」を大学頭（だいがくのかみ）に建白、明治五（一八七二）年には文部省に「文字ヲ改換スルノ議」を建議している。西周（あまね）も、明治七（一八七四）年の『明六雑誌』創刊号で「洋字ヲ以テ国語ヲ書スルノ論」を発表している。漢字については、二～三千字に制限すれば事足りるとする漢字制限論が、明治六（一八七三）年、福沢諭吉の著書『文字之教（おしえ）』で主張された。

国字でなく国語、をめぐる議論も早くからあり、その例としては、公になされたものではないが、駐アメリカ少弁務使だった森有礼(ありのり)が、明治五（一八七二）年、言語学者ホイットニーに宛てた書簡で、日本語において歴史的に漢文・漢語が果たしてきた役割を英語（簡易英語）に置き換えるという案についての意見を求めたものがある。（英語公用語化論などと言われるがそうではないことに注意。詳しくはイ・ヨンスク「孤独な言語思想家、森有礼」二〇二二年、森有礼高等教育国際流動化機構、を参照）話し言葉と書き言葉の懸隔を埋めることを目指した動きは「言文一致」運動と称されるが、それが興るのはしばらく先の明治二〇年代であり、〝国の言葉・国家の言語〟というような意味合いでこの用語が用いられるようになるのも明治二〇年代半ばあたり（一八九〇年代）からのことだった。（安田敏朗『「国語」の近代史』二〇〇六年、中公新書、四六頁）

明治も後期に入ると世界は帝国主義の時代となり、日本もまた、植民地獲得競争に参入していくことになる。その象徴となる二つの国家間戦争の合間とも言える一九〇〇年に、「国語」を求める建議案が国会で審議されることとなったのは、偶然ではなくそうした流れの中、一国内で通用する「国語」の必要性が喧伝されるようになったことの一つの必然的な結果であった。とはいえ、「国語」の概念が当時すでに広く受け入れられ、一定の合意を見ていたかといえば、むしろ程遠い様相を呈していたと言わなくてはならない。記録に残っている例としては、明治三三（一九〇〇）年、貴族院での「国字国語国文の改良に関する建議案」の審議において、趣旨説明した加藤弘之（元東大総長）に対し、公家の高野宗順子爵は、国字と国文は諒解するが、国語と言われても、方言は地方によって違うのだから考えようがないではないかと食い下がっている（国立国会図書館「帝国議会会議録検索システム」第一四回帝国議会 貴族院 本会議 第二六号、一五頁）。存在しないものについて考えることの難しさをよく表す例だろう。

さて、山田が本書『国語の本質』を刊行したのは、さらに四〇年以上も後のことになるが、山田が書名に冠した「国語」の語が、こうした背景事情の中で人口に膾炙するものとなったというまさにそのことからして、山田としては糺さなければならないと考えたのかもしれない。読者からすると、本書の冒頭に置かれることになるのが次の一文であることに、どこか迂遠な印象を抱きかねない。

近頃やかましいいわゆる国語国字改良論の起りは、慶応二年に、前島密（ひそか）が、国字及び国文を改良したらどうかということを、時の将軍徳川慶喜に申し立てたに始まる。

（「国語の本質」［以下「本質」と略］、一〇頁）

さらにそこから山田は、西周、加藤弘之、そして上田万年(かずとし)ほか幾人もの人名を散らしながら「国語国字改良論」の批判から語り出してゆくが、山田としては、それなくしてはそもそも「国語」についての話などするべくもないとの思いがあったのではないだろうか。その節の最後はこう結ばれている。

それだから今の国語審議会というものは、国語を慎重に審査するということよりも、初めの加藤弘之氏が、博言学の研究を興しそれに基づいて国語の修正とか改正とかをやらなければならぬという意見の、具体的延長に止まるものと思うのである。
（「本質」、一六頁）

では、山田にとって「国語」とは何だったのか。そのことを見ていく前に、人としての山田とその業績について、簡単に押さえておくことにしたい。

◯山田孝雄の人と学問

山田孝雄は、明治八（一八七五）年八月二〇日、富山市総曲輪（そうがわ）で生を享けた。父・方雄は神職であるとともに連歌の宗匠でもあった。尋常中学一年まで修業するが事情により退学、その後、旧富山藩士に就いて国学を学んだ。山田の業績は、国語学・国文学・国史学全般に及ぶが、それは山田の学問的基盤が国学にあったことが大きい。

独学で小学校教員免許、中学校・尋常師範学校国語科教員免許を取得し、概ね二〇歳台を兵庫、奈良、高知の各県で中学校教諭として過ごす。退職後上京し、文部省国語調査委員会補助委員などを務め、大正四（一九一五）年に結婚、その後、四男五女、計九人の子を設ける。『新明解国語辞典』の編纂で知られる国語学者の山田忠雄は長男、同じく国語学者の山田俊雄は三男、また、俳人の山田みづえは次女である。

日本大学を経て、大正一四（一九二五）年、東北帝国大学に講師として赴任、昭和二（一九二七）年に教授。同四（一九二九）年、「日本文法論」により東京大学から文学博士号を授与される。同八（一九三三）年に退官するが、同一五（一九四〇）年、伊勢の神宮皇学館大学長（初代）・神宮皇学館長として迎えられる。本書の刊行時、山田はその任にあった。同一九（一九四四）年、貴族院議員（勅撰）、同二〇（一九四五）年八月一七日、国史編修院長に就くも、一一月に依願免官、翌年に公職追放となる。

再び仙台に移住、昭和二六（一九五一）年に追放解除となって以降は、同二八（一九五三）年に文化功労者、同三二（一九五七）年に文化勲章、富山市名誉市民を受けた。同三三（一九五八）年一一月、東北大学医学部附属病院にて没（享年八三）、勲一等旭日重光章を授与された。墓地は富山市長慶寺にある。

こうした経歴からも推察されるように、山田の学問は、本居宣長をはじめとする江戸期の国学者に連なる国学的色彩が強い。国語学における業績としては、一五〇〇頁（！）からなる『日本文法論』を主著とし、「四大文法」の一つ「山田文法」と称される。原理論的な次元では、文成立論における主述構造的な「述体」と詠嘆的な「喚体」とを基本とする。とりわけ後者は、「もののあはれ」を捉えようとする詩歌などの要諦とも言える形式であり、主語―述語的に「何かが―何かである」ことを表すのではなく、何かが「ある」ことそれ自体を（例えば「あはれ、麗しき花かな」のような）「体言＋（詠嘆などの）呼格」という「かたち」において表すものとされる（菅野覚明『詩と国家―「かたち」としての言葉論』二〇〇五年、勁草書房、一七四、一八三頁参照）。もう一方の「述体」では、日本語における助詞「は」の存在を大きく捉え、それを係助詞とした宣長の発見を絶賛しつつ、「は」は主題を提示しながら陳述的な力を発揮する、いわば日本語におけるコピュラ（繫辞）と見るべきものであることを熱く説いた。また、あまり目立たないが、漢文訓読が日本語表現に与えた影響についても強い関心を示した。

○山田にとっての「国語」

さて、「最後の国学者」とも呼ばれる山田からすれば、あたかも明治という時代の通奏低音のように鳴り続けている「国語〝改良〟論」は、片腹痛いものだったに違いない。前島密に始まり、加藤弘之〜上田万年のラインに代表されるヨーロッパの「博言学〜言語学」を標榜する〝改革派〟に対する批判の言が、本書の諸所に現れる所以である。

では山田は、問題の所在をどこに見ていただろうか。問題は、日本語が漢字を用いていること、そこに尽きる、と山田は言う。

こういう問題の起る根本は、要するに、日本が漢字を用いているということ、そうして、そういうものは西洋にない。（「本質」、一六頁）

漢字を用いるとはどういうことかといえば、漢字がアルファベットなどの表音的な単位の文字とは異なり、一文字一語という「表語」的な単位の文字だというところが鍵となる。〝改良〟論者たちは漢字が多すぎて難しいと言うが、漢字＝漢語であることを見れば、多いのは語彙であり、語彙として見れば別段普通のことではないかと。

ローマ字は二十六字しかない。漢字は康熙字典によれば、四万何千とある、非常にむつかしい、こう言うのであるが、…中略…。漢字なるものは、同時に漢語であって、言葉そのものを文字にしたものである。…中略…。漢字が四万何千あるというのは、辞書にある言葉が四万何千ということに同じいのである。（「本質」、二四頁）

横から割り込むようで憚られるが、個人的にも、漢字廃止論的な議論は大きな一点を見落としており、山田の指摘は外れていなかったように思われる。その理由は、漢字＝漢語という性質の上で、日本語が漢字を徹底的に「訓読み」することで自家薬籠中のものとしたから、というものである。「漢字文化圏」と呼ばれる国や地域で、「訓読み」すなわち、漢字＝漢語に対し意味的に対応する自言語の語を当てて同一視するという方式を定着させたのは日本語のみであり、それを梃子として（「大根」や「返事」のような）少なからぬ「和製漢語」を登場させたのも日本語である。

そのようにいわば首まで漢字の海に浸かっている言語にあって、漢語を記すためだけに漢字が用いられた国々と同様に漢字を廃止することは、実のところ無理な相談と言うべきだろう。山田が漢文訓読から日本語に入った表現について研究していたことも、漢字＝漢語と日本語の関係を捉えきろうとする姿勢の表れだったように見える。

とはいえ本丸は「国語」の方だろう、という声もあるだろうか。全般的に山田の議論は、「普遍」と「特殊」を対置させ、普遍を語りながら特殊（そちらが本当の主眼）に目を移していくスタイルが多いが、「国語」を語る文脈での対は、「社会性・客観性 対 歴史性・時間性」と、「通有性 対 限定性」である。

「社会性・客観性」については、個人言語でしかないものは言語とは言えないし、主観的な印象さえも、共有可能なものとして提示するのが言語だと考えれば、言うまでもなく認め得るべき性質と思われることだろう。ところが、そうしたことを述べた後、山田は事もなげにこう言ってのける。

ところが、その言葉の社会性もしくは客観性というのは、現代の社会だけに使われておるというものでなく、それはみな歴史の結果そうなって来ておるのである。歴史の結果そうなって来ておるということは、一面から言えば、言葉というものは必ずしも合理的ではないということを示すのである。（「本質」、二八頁）

言語を支えるものが社会性と客観性だけなら「国語」と呼ぶ必要もなく「日本語」でいいだろうが、〝国の言葉〟は歴史を背負っているのであり、歴史とは合理的なばかりではないから、「国語」もまた必ずしも合理的ではないということである。（これの例として山田の挙げるものに、「墨」は「黒」の「土」だから黒いのに、「朱墨」は「朱」なのに「墨」と呼ぶことの不合理と歴史性と社会性という微妙なものがある。）これが、もう一つの対「通有性対限定性」になると、国粋主義者・山田がもう一段前面に出てくる。国語もまた言語一般としての通有性を持っていることは当然であると述べられた少し後で、こう記される。

国語そのものはこの大和民族の通用語であるという限定性、大日本帝国の標準語であるという限定性を常に考えねばならぬものであって、我が国家、我が民族を離れてはその客観性、その固有性を失うものであることは勿論、我が国の歴史、我が民族の生活を離れてしまったら、国語の本質というものはなくなってしまうであろう。

（「国語とその教育」、一一九ー一二〇頁）

こうした歴史性は時間性とも言い換えられるが、その先には「伝統」と呼ばれる時間の産物が置かれることになる。山田にとってそれは、「正しい」ということの根拠でもあった。

○「国語」愛護の倫理

具体的な言葉の内に、歴史性や時間性を見出すとしたら、それは個々の言葉の意味や用法であるだろう。連歌の宗匠だった父の教えを受けて、山田も連歌に造詣が深く、本書でも連歌の話がよく引き合いに出されてくる。そして、この歴史性や時間性という意味でまさにその結晶とも見るべきものが、連歌や俳諧で言われる「言葉の本意」

であるように思われる。少々長いが、本意の例を語っている一節を引く。

連歌などでは、「言葉の本意」ということを言う。その言葉の本意というのは、例えていえば、連歌で、春雨が降らないというようなことをいった場合、その場合「春雨」といえば、「降る」という考え方がある。降らなければ雨という言葉はないわけである。春雨が降らない、という場合には、春雨が降る、或いはまた降ってくれと思うのに降らない、というような心持ちが出てくる。言葉にはそういう非常に深い、国民的の思想感情というものが含まれているのである。だから、この言葉を改めれば、思想、感情も同時に改まってしまう。(「本質」、三六頁)

現代の日本語で「真意」の言い換えとして使う「本意」とはもちろん異なり、ある語が用いられてきた時間とともに纏うに至った語感などまで含めた、用い方のふさわしさをそう呼ぶものだろう。この「春雨」の例のように、「春雨が降らない」というのはただ降らないという事象を述べるのではなく、「春雨」が思い描かれるに至った思いまでが沈澱したものとして「降らない」と言われるのでなければならない。このことは、個々人が使う言葉であっても、当の個人が属する共同体において培われてきた共同性を踏まえていなければならない、とのいわば倫理を発動させることになろう。

　この倫理の道は狭き道である。それは、

　　鍋洗ふ前に蛍が二つ三つ

という句を作って人に見せたら、この蛍は死んでいる、

　　鍋洗ふ前を蛍が二つ三つ

としなければ、生きた蛍の飛び交う情景にはならない、と言われてしまう倫理である（「国語国文の本旨と教育」、一〇三―一〇四頁、傍点引用者）。かような精神からすれば、「国語」とは、

国民の精神的文化的の共同的遺産の宝庫であると共に、過去の伝統を現在と将来と

に伝える唯一の機関である。（「国語とは何ぞや」［以下「何ぞや」と略］、六〇—六一頁）

と言われるべき存在となる。そこから、国語の〝改良〟を唱えるなどと言うことは、人に危害を加えて以てこれその人を愛するが故のわざであるという（「何ぞや」、六一頁）ような所業にほかならない、との結びが導かれてくる。

共同体の国語を愛護する倫理にとってそれはあり得ない、ということを山田としてはどうしても書いておく必要があると考えたのではないだろうか。

（たきうら　まさと・言語学、日本語学）

＊本書は、山田孝雄著『国語の本質』（白水社、一九四三年十二月刊）を底本とし、新字新仮名遣いとしたものです。文中の表記などは、著者物故と発表時の時代状況を鑑み、そのままと致しました。

山田孝雄

（やまだ・よしお）

1875年、富山市生まれ。国語学者、国文学者、歴史学者。中学校卒業後は独学で学習し、小、中学校の教師を務めた。その後、日本大学文学部国語科主任などを経て、東北帝国大学教授に。神宮皇學館大学学長、貴族院議員にも選出された。戦後、公職追放、その解除後、文化勲章受章。その学問の成果は、山田国語学、山田文法と称され、後世に影響を及ぼした。1958年逝去。主な著書に、『日本文法講義』『国語学史』『俳諧語談』『連歌概説』『神道思想史』『君が代の歴史』などがある。

国語の本質

二〇二四年一二月二〇日　初版印刷
二〇二四年一二月三〇日　初版発行

著　者――山田孝雄
発行者――小野寺優
発行所――株式会社河出書房新社
〒一六二―八五四四
東京都新宿区東五軒町二―一三
電話
〇三―三四〇四―一二〇一［営業］
〇三―三四〇四―八六一一［編集］
https://www.kawade.co.jp/
組　版――有限会社マーリンクレイン
印　刷――精文堂印刷株式会社
製　本――小泉製本株式会社

ISBN978-4-309-03944-2
Printed in Japan